Chantal Sabatier

Land & Leinen

Duftig-leichte Nähideen im französischen Landhausstil

Fotos: Fabrice Besse
Styling: Sonia Roy

Jan Thorbecke Verlag

Inhalt

1. Heimtextilien

Patchworkkissen mit Rosenmotiv

Quilt mit alten Stickmotiven

Einfaches Kissen in Blütenform

Tagesdecke im Romantiklook

Duftiger Vorhang

Nackenrolle

Patchworkkissen mit Rosenmotiv

Maße: 40 × 40 cm
22 × 22 cm weißer Baumwollstoff (Mittelstück) • 4 Rechtecke 32 × 12 cm aus geblümtem Stoff: 2 mit blauem Untergrund, 2 mit rosa Untergrund • 10 × 15 cm Blumenmotiv auf weißem Stoff • dünner weißer Baumwollstoff: 42 × 42 (Futter für das Vorderteil), 2 Rechtecke von 42 × 27 cm (rückwärtige Teile mit Überschlag) • 42 × 42 cm dünner Molton • Stickgarn (teilbar, handgefärbt und ombriert) in Blassrot und Olivgrün • Nähgarn • 2 glatte, elfenbeinfarbige Knöpfe, Durchmesser 2 cm • 1 Kisseninlet 40 × 40 cm • 1 Din A4-Bogen Pauspapier • Klebeband • feiner Filzstift • Markierstift für Textilien, auswaschbar • Sprühflasche • Näh- und Stickzubehör
Stickvorlage und Aufbau des Patchworks auf S. 83

MITTELSTÜCK

Um das Blumenmotiv auf weißem Stoffgrund ein Oval von 7 cm Breite und 10 cm Höhe zeichnen und ausschneiden. Das Medaillon in die Mitte des Mittelstücks stecken. Anschließend das Motiv mit der Nähmaschine und schmalen Zickzackstichen aufnähen. Das Oval mit 2-fädigem rotem Stickgarn im Kettstich umranden. Anschließend das Rosenmotiv des bedruckten Stoffs mit Flachstichen in rotem und grünem 1-fädigem Stickgarn akzentuieren.
Das vorgedruckte Rosenmuster (siehe S. 83) abpausen. Hierfür mithilfe des Klebebandes das Pauspapier auf eine Fensterscheibe fixieren, das Viereck aus weißer Baumwolle darüberlegen, sodass das Muster auf einer Seite des mittigen Medaillons durchscheint. Das Rosenmuster mit wasserlöslichem Textilstift auf den Stoff übertragen. Den Stoff abnehmen, das Pauspapier so wenden, dass es spiegelverkehrt auf der gegenüberliegenden Seite des Ovals erscheint und den Vorgang wiederholen.
Die Rosenblüten mit Stielstich in 1-fädigem rotem Stickgarn und anschließend die Stiele und Blätter mit grünem Garn im Rückstich (oder Steppstich) ausführen. Mit Wasser besprühen, um die Hilfslinien des Textilstifts zu entfernen.

PATCHWORK-VORDERSEITE

Ein Rechteck aus geblümtem Stoff auf rosafarbenem Grund rechts auf rechts so an die Oberkante des Mittelstücks stecken, dass es auf der rechten Seite übersteht (siehe Abb. 1, S. 83). Etwa 1 cm unterhalb der Kante absteppen und anschließend hochklappen. Ein geblümtes Stoffrechteck auf blauem Grund rechts auf rechts an die linke Seite stecken, mit einer Nahtzugabe von 1 cm absteppen und anschließend aufklappen (siehe Abb. 2, S. 83).
Nach dieser Methode fortfahren und das zweite Stoffrechteck mit rosafarbenem Untergrund auf der unteren Seite des Patchworks (Abb. 3) und schließlich das zweite Rechteck mit blauem Untergrund auf der rechten Seite (Abb. 4 u. 5) feststeppen. Aufklappen und alles bügeln.
Mit rotem Stickgarn die beiden horizontalen Nähte mit Fischgrätstichen und die vertikalen Nähte mit einfachen Vorstichen übersticken.
Anschließend Futterstoff, Molton und Patchwork übereinanderlegen. Durch alle Lagen zusammenstecken. Die Kanten mit Zickzackstich säumen.

RÜCKSEITE

An jedem Streifen für die Rückseite eine der langen Kanten um 1 cm und anschließend um 3 cm auf links nach innen umschlagen. Umbügeln und 2,5 cm neben der Faltkante absteppen. Die jeweils drei restlichen Kanten versäubern.
Auf dem Streifen, der den oberen Teil des Kissens bildet (= Überschlag), mittig und im Abstand von 18 cm zwei Knopflöcher nähen.

FERTIGSTELLUNG

Das Patchwork mit der rechten Seite nach oben auslegen. Rechts auf rechts das obere und anschließend das untere Rückenteil darübergeben. Alle Lagen zusammenstecken. Die Außenkanten rundherum mit einer Nahtzugabe von 1 cm zusammensteppen. Die Nahtüberstände an den Ecken schräg abschneiden. Auf rechts wenden.
Die beiden Knöpfe auf das untere Rückenteil auf Höhe der Knopflöcher annähen. Das Kissen bügeln. Das Kisseninlet in die Hülle stecken.

Quilt mit alten Stickmotiven

Maße: 86 × 50 cm
28 Stoffquadrate 14 × 14 cm: 6 naturfarben, 8 weiß, 14 geblümt • 92 × 56 cm Baumwollstoff (Futter) • gepunkteter Stoff (Umrandung): 2 Streifen je 52 × 4,5 cm, 2 Streifen je 90 × 4,5 cm • kleine, alte Stickmotive: Ausschnitte aus Tischdecken, Zierdeckchen, Taschentüchern, etc. • 92 × 56 cm Molton, leichte Qualität, zum Quilten geeignet • Nähgarn • elfenbeinfarbenes Quiltgarn • feiner, wasserlöslicher Markierstift für Textilien • Nähzubehör • große Quiltstecknadeln mit Kopf • Quiltnadel • Sprühflasche
Aufbau des Patchworks siehe Seite 83

PATCHWORK

Die Stoffquadrate auf einem Tisch auslegen. Dabei zwischen unifarbenen Quadraten und geblümten Quadraten abwechseln, wie es die Vorlage auf Seite 83 zeigt.
Zeichnen Sie hiervon eine Skizze mit durchnummerierten Einzelteilen oder machen Sie ein Foto.
Die kleinen Stickmotive sorgfältig ausschneiden. Sie sollten zwischen 3 und 9 cm messen. Diese anschließend auf die unifarbenen Quadrate mit sehr schmalen Zickzackstichen applizieren.
Vergewissern Sie sich, dass die Quadrate alle exakt dieselben Maße und geradläufige Kanten im rechten Winkel aufweisen. Steppen Sie diese paarweise, jeweils mit einer Nahtzugabe von 1 cm, rechts auf rechts aneinander: Dabei mit den vier horizontalen Reihen beginnen, die anschließend wiederum zusammengesetzt werden. Auf gleichmäßige Nahtzugaben achten, sodass die montierten Teile exakt im rechten Winkel zueinander liegen und damit ein geometrisches Bild ergeben.
Vergewissern Sie sich, dass die Außenkanten geradläufig sind und begradigen Sie diese, falls nötig.
Mit dem wasserlöslichen Textilstift Diagonalen durch jedes Quadrat aus geblümtem Stoff vorzeichnen.

QUILTEN

Den Molton über die linke Seite des Bauwollfutterstoffs legen und das Patchwork mit der rechten Seite nach oben darüber passgenau zentrieren. Die drei Lagen auf ganzer Fläche zusammenstecken. Dabei von der Mitte aus zu den Kanten arbeiten. Das Patchwork sternförmig auch entlang jeder Linie von der Mitte aus zu den Rändern zusammenheften. Anschließend entlang der mit wasserlöslichem Textilstift vorgezeichneten Linien quilten (steppen). Den Stoff entlang der Steppnähte mit Wasser besprühen, um die Hilfslinien des Textilstifts zu entfernen. Die Kanten von Molton und Futterstoff dem Patchwork entsprechend angleichen.

EINFASSUNG

Die jeweils langen Kanten der Stoffstreifen um 1 cm links auf links (nach innen) einschlagen, umbügeln und wieder auffalten. Die kurzen Streifen rechts auf rechts an die schmalen Seiten des Quilts stecken, mit einer Nahtzugabe von 1 cm anteppen und die Überstände zu beiden Seiten auf die Länge des Patchworks einkürzen. Die Einfassung auf den Futterstoff umklappen, entlang der mit dem Bügeleisen markierten Falz einschlagen und mit unsichtbaren Saumstichen annähen.
Die langen Streifen für die Einfassung rechts auf rechts mit einer Nahtzugabe von 1 cm an die Längskanten steppen. Die Überstände an den Enden nach innen einschlagen. Die Einfassung auf die Futterseite klappen und wie die kurzen Streifen mit Blindstichen annähen.

Den Quilt mithilfe eines Bügeltuchs bügeln, damit sich der Molton nicht wellt oder zusammenzieht.

(TRICKS) FÜR DIE EINFARBIGEN QUADRATE ALTES LEINEN EINARBEITEN: DAS VERLEIHT IHREM QUILT DEN ZUSÄTZLICHEN CHARME EINER ALTEN HANDARBEIT. FÜR DIE UMRANDUNG KÖNNEN EBENSO GUT SCHRÄGBÄNDER VERWENDET WERDEN.

Einfaches Kissen in Blütenform

Maße: 34 cm im Durchmesser
2 Quadrate je 40 × 40 cm aus weißem Leinen • 1,20 cm lange und 1,5 cm breite weiße Spitzenborte • Stickgarn (teilbar, handgefärbt mit Farbschattierung, also ombriert): blau, olivgrün, rosa • Nähgarn • Füllwatte für Kissen • 1 DIN A4-Blatt Pauspapier • Klebeband • feiner Filzstift • feiner, wasserlöslicher Markierstift für Textilien • Sprühflasche • Näh- und Stickzubehör
Schablone Seite 84, Stickvorlage Seite 83

STICKARBEIT

Die Schablone auf ein Blatt Papier übertragen. Dabei die Form zu beiden Seiten der gestrichelt gezeichneten Linien spiegelverkehrt komplettieren, um die ganze Blütenform zu erhalten. Anschließend die Vorlage auf jedes Leinenquadrat aufzeichnen. Beide Teile ausschneiden.
Das Rosenmotiv durchpausen: Mithilfe des Klebebandes das Pauspapier auf einer Fensterscheibe befestigen. Anschließend eine der Blütenformen aus Leinen mittig darüberlegen, sodass das Motiv in der Mitte durchscheint. Das Motiv mit dem wasserlöslichen Textilstift durchpausen.
Mit Stielstichen aus 2-fädigem, rosarotem Stickgarn die Rose in der Mitte und die Stiele mit 1-fädigem, olivgrünem Garn aufsticken. Anschließend die anderen Details mit Geradstichen hinzufügen. 1-fädig die Rosenknospen mit Plattstichen und die blauen Blüten mit Margeritenstichen (einzeln stehenden Kettstichen) ausführen. Um das mittige Motiv freihändig einige Rosenknospen aufzeichnen und anschließend mit Plattstichen aufsticken. Mit der Sprühflasche mit Wasser besprühen, um die Markierungslinien zu entfernen.

FERTIGSTELLUNG

Die beiden Kissenteile in Blütenform links auf links passgenau übereinanderlegen. Die Kanten steppen, indem Sie den Nähfuß dicht an der Stoffkante entlangführen. Eine Öffnung von wenigen Zentimetern belassen. Durch die Öffnung die Füllwatte stopfen, die Naht zu Ende führen, um die Öffnung zu schließen.
Mit der Spitzenborte das Kissen mit Handstichen über der Maschinennaht einfassen.

Tagesdecke im Romantiklook

Maße: 100 × 100 cm (ohne Rüschen)
25 Quadrate aus Baumwollstoff je 22 × 22 cm: 5 reinweiß, 20 geblümt, gestreift oder gepunktet auf elfenbeinweißem oder zartrosafarbenem Grund • 4 Streifen je 130 × 24 cm aus leichtem, weißem, beidseitig verwendbarem Baumwollstoff (für die Rüschen) • 102 × 102 cm weißer Baumwollstoff (Futter) • 2 Moltonstücke je 100 × 100 cm • 8 weiße Bänder je 30 cm lang und 2 cm breit • 16 weiße Knöpfe, 2,5 cm Durchmesser • Nähgarn • Nähzubehör

PATCHWORK

Die Stoffquadrate auf dem Fußboden so auslegen, dass ein harmonisches, geschmackvoll abgestimmtes Musterbild entsteht.
Die Anordnung mithilfe einer Zahlenskizze oder einem Foto bis zur Fertigstellung dokumentieren. Darauf achten, dass die einzelnen Quadrate exakt dieselbe Größe und gerade Kanten im rechten Winkel aufweisen. Paarweise rechts auf rechts mit einer Nahtzugabe von 1 cm an den Kanten aneinander steppen: Auf diese Weise zuerst 5 horizontale Stoffstreifen herstellen, die anschließend zusammengefügt werden. Dazu ist es wichtig, die Nahtüberstände exakt anzugleichen, sodass die einzelnen Quadrate genau im rechten Winkel zueinander liegen.
Vergewissern Sie sich, dass die Außenkanten des Patchworks geradlinig verlaufen. Falls nötig, leicht angleichen.

RÜSCHEN

An jedem der vier für die Rüschen bestimmten Streifen eine der langen Seiten zweimal auf 1 cm einschlagen, bügeln und säumen. Die gegenüberliegende Längskante auf dieselbe Weise säumen, wobei der Saum auf die andere Stoffseite umgeschlagen wird. Jeden Rüschenstreifen der Länge nach so auf die Hälfte falten, dass der untere Teil um 4,5 cm übersteht: Damit befinden sich beide Säume auf der Oberseite der doppelten Rüsche.
Die lange Faltkante der Rüsche mit langen Vorstichen 5 mm unterhalb des Falzes mit der Maschine abnähen, ohne die Fäden an Anfang und Ende zu verriegeln. Von beiden Seiten an den Fäden ziehen, um die Rüsche auf eine Länge von 99 cm einzukürzen. Anschließend die Fäden vernähen. Die Rüschen gleichmäßig verteilen.
Die kurzen Kanten der Rüschen zu beiden Seiten zweimal auf 1 cm einschlagen. Ein Band bis etwa 2,5 cm vom gekräuselten Rand an gerechnet in den Saumumschlag legen und säumen.

(TRICK) DER RÜSCHENSTOFF IST BEIDSEITIG SICHTBAR UND DARF DAHER KEINE LINKE SEITE BESITZEN. SPEZIELL FÜR PATCHWORKARBEITEN GEEIGNETE BAUMWOLLSTOFFE AUS EINSCHLÄGIGEN GESCHÄFTEN EIGNEN SICH SEHR GUT.

FERTIGSTELLUNG

Das Patchwork auf rechts auslegen. Eine Rüsche auf eine Seite stecken: Die Seite mit den beiden Säumen von oben sichtbar aufstecken und die Rüsche dabei über dem Patchwork mittig ausrichten. Mit einer Nahtzugabe von 1 cm ansteppen. Die drei übrigen Rüschen auf dieselbe Weise positionieren.

Den Futterstoff rechts auf rechts über eine Nahtkante des Patchworks legen, sodass auch die Rüschennaht mit gefasst wird. Die Seite 1 cm neben der Kante ansteppen. Die Handarbeit auseinanderklappen. Die drei freien Patchworkkanten links auf links auf 1 cm einbücken und umbügeln. Den Vorgang bei dem Futterstoff wiederholen. Die beiden Moltonstücke links auf links über das Patchwork legen und den Futterstoff darüberschlagen. Durch alle Lagen zusammenstecken und rundherum mit Blindstichen säumen.

ABSCHLIESSENDE ARBEITEN

Je einen Knopf auf die Kreuzungspunkte zwischen den Stoffquadraten nähen.

Die Bänder an den vier Ecken zu Schleifen binden und die Enden schräg abschneiden.

Duftiger Vorhang

Leinenvoile (feines, transparentes Leinen, Maße siehe unten) • geblümter Stoff (Maße siehe unten) • rundes Spitzenmotiv, 7 cm Durchmesser • 45 cm lange und 3 cm breite elfenbeinfarbene Spitzenbordüre • Nähgarn • Nähzubehör

MASS NEHMEN

Die Fensterbreite = B ausmessen. Anschließend die gewünschte Höhe = H bestimmen. Die Höhe der Patten aus geblümtem Stoff = P wählen. Ein Rechteck aus Leinenvoile der Maße B + 4 cm auf H + 4,5 cm zuschneiden. Ein weiteres Rechteck aus dem geblümten Stoff der Maße B + 3,2 cm auf P + 17 cm zuschneiden.

AUSFÜHRUNG

Die Seitenkanten des Voiles zweimal um 1 cm einschlagen, bügeln und absteppen. Die Unterkante auf 1 cm, dann auf 2 cm umbücken, bügeln und 1,8 cm neben der Kante absteppen.
Die Seitenlängen des geblümten Stoffs zweimal um 8 mm einschlagen, bügeln und absteppen. Die Unterkante um 1 cm, dann um 3 cm einschlagen. Bügeln und in einem Abstand von 2,8 cm neben der Kante absteppen.
Den Voile auf einem Tisch mit der linken Seite nach oben ausbreiten. Den geblümten Stoff ebenfalls mit der linken Seite nach oben darüberlegen, wobei die Oberkanten passgenau verlaufen sollen. Letztere aneinanderstecken und mit einer Nahtzugabe von 1 cm absteppen. Die Nahtzugaben versäubern und bügeln.
Ungefähr 12 cm von oben gemessen den geblümten Stoff zu einer 3 cm breiten Liegefalte falten. Bügeln und absteppen.
Auf dieselbe Weise eine zweite Falte 6 cm weiter unten einarbeiten. Die Falten bügeln und an den Seiten übersteppen, um sie zu fixieren.
3 cm von oben für einen Tunnelsaum einen horizontalen Saum über beide Stoffstücke steppen.

ABSCHLIESSENDE ARBEITEN

Die Spitzenbordüre in der Länge zur Hälfte falten, bügeln und anschließend in der Breite auf die Hälfte falten. Die Mitte der Bordüre in die Mitte der Überschlagfalte des geblümten Stoffs nähen. Die Spitzenbordüre zur Schleife binden. Das runde Spitzenmotiv mittig und in gewünschter Höhe auf den Voile nähen.

(HINWEIS) DER VORHANG AUF DEM FOTO IST 48 CM BREIT UND 78 CM HOCH. DAS SPITZENMOTIV BEFINDET SICH 30 CM ÜBER DER UNTERKANTE.

Nackenrolle

Maße: für eine 85 cm lange Nackenrolle
126 × 68 cm gestreifter Baumwollstoff (längs gestreift) • 144 × 68 cm geblümter Stoff (Einfassung und Futter) • 17 × 7 cm rosafarbener Stoff • 13 × 13 cm Baumwollstoff mit aufgesticktem Monogramm • 2 Stoffquadrate je 15 × 15 cm mit großem Rosenmotiv; handelt es sich hier um einen dünnen Stoff, werden 2 Quadrate aus Bügel-Haftvlies derselben Maße als Versteifung benötigt • 2 Bordüren aus Lochstickerei je 68 cm lang und 7 cm breit • 2 Bänder je 80 cm lang und 1 cm breit • Stickgarn: weiß oder elfenbeinfarben (passend zur Farbe des gestreiften Stoffs), grün ombriert, rosa ombriert • eine 85 cm lange Nackenrolle • Nähgarn • Näh- und Stickzubehör

VORBEREITUNG

Die beiden Stoffquadrate mit Rosenmotiv waschen und bügeln. Auf die Rückseite, falls nötig, je ein Haftvlies aufbügeln: Das Bügeleisen dabei langsam über die ganze Oberfläche gleiten lassen, dann ungefähr 8 bis 10 Sekunden Druck ausüben (entnehmen Sie der Gebrauchsanleitung, ob unter Dampf gebügelt werden kann). Die verstärkten Teile abkühlen lassen und anschließend die Rosenmotive ausschneiden.

APPLIKATIONEN

Wählen Sie eine Stelle für die Applikation des Monogramms in der Mitte des gestreiften Stoffs und markieren Sie die Umrisse mit ein paar Stecknadeln.

Das rosafarbene, gestreifte Stoffquadrat auf Höhe der rechten unteren Ecke des Monogrammumrisses stecken. Mit der Maschine und schmalen Zickzackstichen aufnähen. Das Monogramm auf die markierte Stelle stecken und auf dieselbe Art und Weise applizieren. Je eine Rose in die obere linke Ecke und an die untere rechte Ecke des Monogramms stecken. Beide mit einem weißen oder elfenbeinfarbenen Stickgarn mit Schling- oder Festonstichen von Hand aufnähen. Anschließend die Kantennähte des Monogrammausschnitts mit 2-fädigem Stickgarn an den vertikalen Nähten in Grün und an den horizontalen Nähten in Rosa mit Fischgrätstichen (auch Krähenfußstich genannt) übersticken.

Die beiden Lochstickerei-Bordüren seitlich der Applikationen und ungefähr 28 cm von den Stoffkanten entfernt anstecken und aufsteppen.

FERTIGSTELLUNG

Die schmalen Kanten des gestreiften Stoffes und des Futterstoffs rechts auf rechts zusammenstecken und mit einer Nahtzugabe von 1 cm mit einer Steppnaht schließen. Auf rechts wenden. So bügeln, dass das Futter auf jeder Seite 4,5 cm übersteht.

Den Stoff auf links wenden. Die Längskanten mit einer Nahtzugabe von 1 cm absteppen und dabei auf der einen Seite eine Öffnung von ungefähr 15 cm Länge belassen. Auf rechts wenden. Die Kanten der Öffnung nach innen einschlagen und mit verstecktem Saumstich schließen. Bügeln.

Den Stoff zur Hälfte (gestreifter Stoff auf gestreiftem Stoff) falten, sodass die Längskanten exakt aufeinander liegen. Letztere mit einer Nahtzugabe von 1 cm zusammensteppen. Die so entstandene Zylinderform auf rechts wenden. Die Nackenrolle hineinstecken und beide Enden mit den Bändern abbinden.

lait

2. Kleine Aufbewahrungs-gegenstände

Täschchen mit Rüschenrand

Korb mit weißen, aufgesetzten Blüten

Einfacher Aufbewahrungsbehälter

Beuteltäschchen

Overnight-Tasche

Gefäß in Milchkännchenform

Täschchen mit Rüschenrand

Maße: aufgeklappt 20 × 40 cm
Leinen 42 × 27 cm • 42 × 12 cm gestreifter Baumwollstoff • 70 × 10 cm geblümter Baumwollstoff (Rüsche) • 42 × 37 cm Futterstoff • 7 × 7 cm geblümter Stoff (Applikation) • 7 × 7 cm Bügel-Haftvlies, leichte Qualität (z. B. Vliesofix) • 1 Kordel oder Band, 21 cm lang • 1 Knopf mit 2 cm Durchmesser • Nähgarn • Nähzubehör

RÜSCHE

Den geblümten Stoffstreifen zur Hälfte rechts auf rechts so falten, dass die beiden kurzen Kanten exakt aufeinander liegen. Letztere mit einer Nahtzugabe von 1 cm absteppen. Den Stoffschlauch erneut links auf links zur Hälfte falten, indem Sie die Längsseiten übereinander passen.

An der langen, offenen Kante eine Naht mit langem Geradstich und einer Nahtzugabe von 3 mm ausführen, ohne den Faden an Anfang und Ende zu vernähen. Die Fäden zu beiden Seiten ziehen, bis die Länge auf 40 cm verkürzt ist. Anschließend die Fäden sorgfältig verriegeln.

ZUSAMMENFÜGEN

Das geblümte Stoffquadrat mit Haftvlies verstärken (siehe Vorbereitung Seite 21).

Den Streifenstoff rechts auf rechts an eine der langen Kanten des Leinenstücks stecken. Mit einer Nahtzugabe von 1 cm zusammensteppen.

Diesen Teil zur Hälfte links auf links falten, indem die schmalen Kanten aufeinandergelegt werden. Die Bruchkante mit dem Dampfbügeleisen markieren. Wieder aufschlagen. Das mit Haftvlies verstärkte geblümte Stoffquadrat auf die Vorderseite 6,5 cm von der Bruchkante und 5 cm vom unteren Rand entfernt aufstecken. Mit der Maschine rundherum und schmalen Zickzackstichen oder engen Feston- oder Schlingstichen applizieren.

Die Arbeit jetzt zur Hälfte rechts auf rechts falten, indem Sie die kurzen Kanten aufeinanderlegen. Letztere sowie den Taschenboden mit einer Nahtzugabe von 1 cm zusammensteppen. Die Nahtüberstände an den Ecken schräg abschneiden. Auf rechts wenden und bügeln.

Die Rüsche rechts auf rechts an die Oberkante stecken, wobei die Falten gleichmäßig verteilt sein sollten, und mit einer Nahtzugabe von 1 cm feststeppen. Falten Sie das Band oder die Kordel auf die Hälfte und nähen sie die Faltstelle an die Mitte der Rückseite in die Rüschennaht ein. Den Beutel und den Rüschenbesatz bügeln, ohne die Falten flach zu bügeln.

ABSCHLIESSENDE ARBEITEN

Das Futter zur Hälfte rechts auf rechts falten. Dabei die langen Kanten passgenau übereinanderlegen. Diese sowie den Boden mit einer Nahtzugabe von 1 cm zusammensteppen und bügeln. Die oberen Kanten links auf links um 1 cm einschlagen und bügeln. Das Futter in die Tasche geben. Die Futteroberkante entlang der Rüschennaht mit Blindstichen festnähen. Den Knopf in die Mitte der oberen Kante der Applikation nähen.

Den oberen Teil des Täschchens über die Vorderseite des Beutels schlagen und den Knopf in die Schlinge der Kordel oder des Bandes knöpfen.

Korb mit weißen, aufgesetzten Blüten

Maße: Durchmesser 18,5 cm, Höhe 11 cm
Weißer Baumwollstoff: 2 Kreisformen mit je 20 cm Durchmesser, 2 Rechtecke je 60 × 12 cm, 1 Rechteck 85 × 35 cm • 60 × 8 cm geblümter Stoff • leichter Molton: 1 Kreisform von 20 cm Durchmesser, 1 Rechteck 60 × 12 cm • Nähgarn • Zirkel • Nähzubehör
Schablonen Seite 84

VORBEREITUNG

Die Kreisform aus Molton links auf links auf eine der beiden Kreisformen aus Baumwollstoff stecken. Rundherum mit Zickzackstichen einfassen. Ein weißes Stoffrechteck von 60 × 12 cm auf das entsprechende Moltonrechteck legen. Die Kanten mit Zickzackstichen einfassen.

NÄHANLEITUNG

Das mit Molton verstärkte Rechteck zur Hälfte rechts auf rechts falten, sodass die schmalen Kanten exakt übereinander liegen. Letztere mit einer Nahtzugabe von 1 cm von der Kante zusammennähen. Den unteren Rand der genähten Ringform auf der ganzen Länge jeweils 5 oder 6 mm tief in einem Abstand von 4 cm einschneiden.
Den Ring rechts auf rechts an die mit Molton verstärkte Kreisform stecken und 8 mm (in Nähfußbreite) neben der Kante im Rund absteppen.
Die Naht bügeln.
Den geblümten Stoffstreifen wie zuvor den Baumwollstreifen zu einem Ring schließen. Stecken Sie diesen rechts auf rechts an die Innenwand des weißen Stoffs und nähen Sie den geblümten Stoff mit einer Steppnaht 2 cm unterhalb der Kante an. Die freie lange Kante um 1 cm links auf links einschlagen und bügeln.

FUTTER

Damit das Futter sich glatt einpassen lässt, einige Millimeter lediglich auf den ersten Zentimetern von unten die schmalen Kanten des verbliebenen weißen Stoffrechtecks sowie um die verbliebene Kreisform aus weißem Stoff leicht einkürzen.
Das Rechteck wie gehabt zu einem Ring schließen und um die Kreisform nähen.
Das Futter links auf links in den Korb geben. Die oberen Kanten durch alle Stofflagen feststecken und mit Zickzackstichen einfassen. Den geblümten Randüberstand nach innen in den Korb schlagen und mit Blindstichen annähen.

DEKORATION

Auf das weiße Stoffquadrat siebenmal jede der drei Blütenschablonen übertragen. Die einundzwanzig Blütenblätter ausschneiden. Jeweils drei übereinanderlegen (größter Durchmesser zu unterst usw.).
Indem Sie mit der Nadel durch die drei Lagen stechen, nähen Sie einen kleinen Kreis mit Vorstichen um die Mitte. Anschließend den Faden zusammenziehen, um den Blütenboden anzudeuten. Den Faden gut vernähen. Auf diese Weise sieben Blüten anfertigen und rundherum und in gleichmäßigen Abständen außen an den Korb nähen.

(ZU BEACHTEN) DER UMFANG DER KORBWAND MUSS SICH MIT DEM DER LINIE DER KREISNAHT UND NICHT MIT DER AUSSENKANTE DES KREISES DECKEN.

Einfacher Aufbewahrungsbehälter

Maße: 25 × 15 cm
Baumwollstoff und Leinen: 8 Stoffrechtecke je 27 × 17 cm (Wände) • Baumwollstoff: 2 Stoffquadrate je 27 × 27 cm (Boden), 1 Rechteck 16 × 8 cm (Griff) • steifes weißes oder elfenbeinfarbenes Bügel-Haftvlies: 4 Rechtecke je 25 × 15 cm, 1 Quadrat 25 × 25 cm, 1 Rechteck 14 × 3 cm • 4 Moltonrechtecke je 24 × 14 cm • Karton: 4 Rechtecke je 24 × 14 cm, 1 Quadrat 24 × 24 cm • Nähgarn • Textilkleber zum Aufsprühen • Nähzubehör

VORBEREITUNG

Vier Rechtecke aus Baumwollstoff oder Leinen für die Außenseiten des Behälters auswählen. Auf die linke Seite jedes Stoffrechtecks passgenau ein Rechteck aus Bügel-Haftvlies legen und aufbügeln (siehe Vorbereitung S. 21). Das Stoffquadrat für den Boden des Behälters auf dieselbe Weise verstärken.
Die Moltonrechtecke auf die entsprechenden Kartonzuschnitte kleben.

SEITENWÄNDE

Zwei mit Haftvlies verstärkte Rechtecke rechts auf rechts übereinanderlegen. Jeweils eine der schmalen Kanten 1 cm vom Rand bis auf 1 cm vom unteren Rand der beiden Teile zusammennähen. Mit den beiden anderen vliesverstärkten Rechtecken auf dieselbe Weise verfahren, um einen Ring zu formen.
Mit den vier Rechtecken aus Tuch oder Leinen, die für die Innenseiten der Außenwände bestimmt sind, ebenfalls einen Ring arbeiten.

HENKEL

Den Stoff für den Henkel links auf links in der Mitte falten und dabei die langen Kanten sorgfältig übereinanderlegen. Den Stoffbruch mit dem Bügeleisen markieren und den Stoff wieder aufklappen. Den Stoff an allen vier Seiten 1 cm links auf links einschlagen, umbügeln und wieder auffalten. Das Vliesrechteck auf die linke Seite einer Hälfte des Stoffrechtecks entlang der Faltkanten legen und fixieren. Die oberen Kantenüberstände einschlagen und die andere Hälfte des Stoffrechtecks darüberschlagen. Die drei unverschlossenen Kanten mit Steppnähten schließen. Den entstandenen Henkel mittig so an die Vorderseite der Front stecken, dass er sich bequem greifen lässt. An beiden Enden festnähen.

FERTIGSTELLUNG

Die Außenwände rechts auf rechts um den quadratischen Schachtelboden stecken. Die Kanten rundherum um den Boden mit einer Nahtzugabe von 1 cm zusammensteppen. Bügeln.
Die obere Kante um 1 cm links auf links umschlagen und bügeln. Mit den Innenwänden und dem verbliebenen quadratischen Boden gleichermaßen verfahren. Den quadratischen Karton auf den Boden der Außenhülle geben und den Molton darüberlegen. Die Innenhülle links auf links in die Außenhülle einpassen und an den Ecken feststecken.
Die rechteckigen Kartonzuschnitte so zwischen den inneren- und den äußeren Teil stecken, dass der Molton nach innen zeigt (wenn nötig, mit der Schere die Form leicht angleichen).
Die oberen Kanten mit verdecktem Saumstich schließen.

(HINWEIS) VERHÄLTNISMÄSSIG STEIFES HAFTVLIES FINDET MAN IN GESCHÄFTEN FÜR POLSTERSTOFFE.

Beuteltäschchen

Maße: 23 × 18 cm
25 × 25 cm weißer fester Baumwollstoff oder Leinen • 2 Rechtecke je 25 × 12 cm aus Blümchenstoff • 25 × 45 Futterstoff • 25 × 45 cm dünner Molton • 25 cm lange und 2 cm breite weiße Spitzenbordüre • Stickmotiv zum Applizieren • 2 Kordeln je 1,10 m lang und elfenbeinfarben • Nähgarn • Nähzubehör

NÄHANLEITUNG

Die Rechtecke aus Blümchenstoff an zwei gegenüberliegende Kanten des quadratischen Tuchs rechts auf rechts stecken und anschließend mit 1 cm Nahtzugabe ansteppen (Sie erhalten somit ein Rechteck 25 × 45 cm).

Auf die obere Hälfte des zusammengenähten Stoffteils das gestickte Emblem exakt mittig über der Naht applizieren. Über die gesamte Breite des Rechtecks die Spitzenbordüre 2 cm unterhalb des Emblems feststecken und aufsteppen.

Den Oberstoff rechts auf rechts über den Futterstoff legen und den Molton darüberlegen. Die schmalen Kanten durch alle Schichten zusammenstecken und mit der Zickzackfunktion der Maschine einfassen. Das Ganze auf rechts wenden und die langen Kanten mit Zickzackstichen zusammensteppen. Das Stoffteil mit dem Futterstoff nach außen zur Hälfte falten. Die Seitenkanten mit einer Nahtzugabe von 1 cm bis auf eine Höhe von 6 cm unterhalb der Oberkante zusammensteppen.

Die Kanten der oberen Öffnung um 5 mm Futter auf Futter einschlagen und absteppen.

An jeder Außenseite die obere Kante auf 3 cm Futter auf Futter einschlagen und als Tunnelzug absteppen.

Auf links wenden und die beiden unteren Ecken so falten, dass ein Dreieck mit gerader Basis entsteht. 2,5 cm von Ecke zu Ecke absteppen und anschließend den Nahtüberstand abschneiden (siehe Skizze S. 85). Auf rechts wenden.

KORDELN

Ziehen Sie eine Kordel durch die beiden Tunnelzüge. Anschließend die zweite Kordel von der anderen Seite einziehen, sodass die Enden jeweils rechts und links aus dem Tunnelzug herausragen. Knoten Sie die Enden auf jeder Seite paarweise zusammen.

Ziehen Sie beidseitig an den Kordeln, um das Täschchen zu schließen.

de blé

Overnight-Tasche

Maße: 48 × 45 cm (ohne Henkel)
50 × 92 cm Leinen • 50 × 92 cm Futterstoff • 2 Rechteckstreifen aus geblümtem Stoff je 16 × 55 cm (Henkel) • 1 Kreisform von 8 cm Durchmesser aus geblümtem Stoff (Applikation) • 1 rundes Häkeldeckchen, 18 cm Durchmesser • Molton: 1 Rechteck von 50 × 92 cm, 2 Rechtecke je 7 × 55 cm • 1 Kreisform aus feinem Bügel-Haftvlies von 8 cm Durchmesser • 2 elfenbeinfarbene Bänder 30 cm lang und 2,5 cm breit • rotes Stickgarn • Nähgarn • Zirkel • Näh- und Stickzubehör

VORBEREITUNG

Das Leinen rechts auf rechts in der Mitte falten und die schmalen Kanten passgenau aufeinanderlegen. An den beiden unteren Ecken einen Ausschnitt 7 cm tief und 6 cm hoch aufzeichnen und ausschneiden (siehe Skizze S. 85).
Das Leinen wieder aufklappen und als Schablone verwenden, um die gleichen Eckenausschnitte auf Futterstoff und das große Moltonrechteck aufzuzeichnen und auszuschneiden.
Mit dem Bügeleisen das Haftvlies auf die linke Seite der Kreisform aus geblümtem Stoff aufbringen (siehe Vorbereitung S. 21).

APPLIKATION

Die verstärkte Kreisform mittig auf das Häkeldeckchen stecken. Applizieren Sie dieses, indem Sie die Außenkante mit Langetten- bzw. Festonstichen mit 2-fädigem roten Stickgarn einfassen und aufnähen. Das Häkeldeckchen bügeln. Das Emblem anschließend 11 cm unterhalb der oberen Kante mittig auf die Vorderseite des Leinenstoffs stecken. Mit kleinen unsichtbaren Stichen aufnähen.

FERTIGSTELLUNG

Den Molton auf die linke Seite des Leinenstoffs stecken. Rundherum die Kanten mit Zickzackstichen einfassen. Das Leinen zur Hälfte rechts auf rechts falten und die Kanten zusammensteppen. Anschließend die unteren Ecken Kante auf Kante schließen und steppen.
Die Tasche auf rechts wenden und die Nähte aufbügeln.
Die obere Kante um 1 cm links auf links einschlagen und bügeln.
Das Futter nach derselben Methode (ohne Molton) zusammennähen.
Das Futter in die Leinenform links auf links einsetzen. Die oberen Kanten zusammenstecken, wobei mittig auf jeder Seite ein Band in die Naht mit eingesteckt wird.

Henkel

Die Längskanten der beiden geblümten Stoffstreifen jeweils 1 cm links auf links einschlagen. Bügeln. Diese Kanten aufeinanderlegen und erneut bügeln. Jeweils einen Moltonstreifen zwischen die beiden Hälften in den Umschlag geben. Die Längsöffnung jedes Streifens mit einer Steppnaht schließen.

Fügen Sie auf jeder Seite der Tasche einen Henkel zwischen Leinen- und Futterstoff jeweils 6 cm von den Ecken entfernt ein. Steppen Sie den oberen Taschenrand rundherum dicht an der Oberkante ab. Die Tasche bügeln.

Gefäß in Milchkännchenform

Maße: Durchmesser 12 cm, Höhe 21 cm
Möglichst fester Stoff (altes Halbleinen oder Leinen): 1 Rechteck 39 × 13,5 cm (A), 1 Rechteck 20 × 25 cm (B), 1 Rechteck 28 × 7 cm (C), 1 Kreisform mit 13 cm Durchmesser (D), 1 Rechteck 15 × 10 cm (E) • Geblümter Futterstoff: 1 Rechteck 39 × 13,5 cm (A), 1 Rechteck 20 × 25 cm (B), 1 Rechteck 30,6 × 7 cm (C), 1 Kreisform mit 13 cm Durchmesser (D) • festes Bügel-Haftvlies: 1 Rechteck 37,6 × 12,1 cm (A), 1 Rechteck 20 × 25 cm (B), 1 Rechteck 26,6 × 5,6 cm (C), 1 Kreisform mit 11,6 cm Durchmesser (D) • 2 silberfarbene Metallknöpfe mit 1,5 cm Durchmesser • Hanfschnur 30 cm lang • Stickgarn rot (teilbar, handgefärbt, ombriert) • Nähfaden • 1 DIN A4 Blatt Pauspapier • Klebeband • feiner, wasserlöslicher Markierstift für Textilien • Zerstäuber • Zirkel • Zickzackschere • Näh- und Stickzubehör
Schablone und Stickvorlage Seite 86

VORBEREITUNG

Das konisch zulaufende Verbindungsteil (B) entsprechend der Schablone ab der gestrichelte Linie spiegeln und auf die Rechtecke B aus weißem Stoff sowie aus Futterstoff entlang der schwarzen Linie übertragen. Den Vorgang bei dem Rechteck B des Bügel-Haftvlieses wiederholen, indem Sie der roten Linie folgen. Alle drei Teile ausschneiden.
Die Haftvliesteile A bis D auf die Rückseiten der entsprechenden weißen Stoffteile legen und sorgfältig anpassen.
Mit dem Bügeleisen fixieren (siehe Vorbereitung S. 21).
Die Skizze auf Seite 86 zeigt die unterschiedlichen Teile.

ETIKETT

Den Schriftzug für das Etikett abpausen. Hierfür mithilfe des Klebestreifens das Pauspapier auf einer Fensterscheibe fixieren und anschließend das Stoffteil E so darüberlegen, dass die Aufschrift in der Mitte durchscheint. Die Schrift (lait = Milch) mit dem wasserlöslichen Textilstift nachziehen. Mit dem 1-fädigen roten Stickgarn in Stilstichen nachsticken. Ein Rechteck von 10 × 7 cm darum herum zeichnen und mit der Zickzackschere ausschneiden. Den Schriftzug mit Wasser besprühen, um die Hilfslinien des Textilstifts zu entfernen.

(TRICK) SCHNEIDEN SIE DIE EINZELNEN TEILE SO SORGFÄLTIG WIE NUR MÖGLICH ENTSPRECHEND DER ANGEGEBENEN MASSE ENTLANG DER LINIEN DER SCHABLONE AUS. DIESE SIND MIT EINER ZUGABE VON 5 MM UM DIE VLIESEINLAGE SEHR EXAKT BERECHNET. GRÖSSERE ÜBERSTÄNDE MACHEN DAS ZUSAMMENNÄHEN FAST UNMÖGLICH.

lait

lait

NÄHANLEITUNG

Stecken Sie das Etikett mittig auf den weißen Stoff A. Applizieren Sie dieses, indem Sie ein rotes Rechteck innerhalb des Zickzackrandes mit Vorstichen aufsticken. Stoffteil A rechts auf rechts zur Hälfte falten. Dabei die schmalen Kanten passgenau aufeinanderlegen. Letztere 5 mm von der Kante mit einer Steppnaht schließen. Die Ober- und Unterkanten jeweils maximal 4 mm tief und in Abständen von ungefähr 4 cm einschneiden.

Nach demselben Muster die Teile B und C aus weißem Stoff jeweils zu einem Ring schließen. Die Oberkante des Rings B ebenfalls einschneiden.

Den Ring C über den Ring B rechts auf rechts 5 mm unterhalb der Kante (dies ist leichter mit der Hand als mit der Nähmaschine zu bewältigen) nähen.

Den Ring A unter den Ring B rechts auf rechts mit einer Naht 5 mm unter der Kante anfügen.

Die untere Kante des Rings A um den Kreis D aus weißem Stoff rechts auf rechts stecken und von Hand 5 mm unter der Kante nähen. Die Naht über dem Ärmelbrett bügeln.

Das gesamte Teil auf rechts wenden.

FUTTER

Die unterschiedlichen Teile des Futters nach dem Vorbild der weißen Außenhülle zusammennähen.

Das Futter links auf links in die Außenhülle stecken.

Den oberen Rand der Kannenform zweifach nach innen um einige Millimeter über das Futter einschlagen und anschließend von Hand mit verdeckten Saumstichen annähen.

ABSCHLIESSENDE ARBEITEN

Die beiden Knöpfe an jede Seite des Deckelhalses mit rotem Stickgarn nähen und die Hanfschnur nach Belieben daran festknoten.

3. Zu Tisch

Tischdecke mit blau gemustertem Patchwork

Topflappen

Schürze

Übertopf aus blauem Schachbrettstoff

Tischset

Gefäß aus rotem Schachbrettstoff

Tischdecke mit blau gemustertem Patchwork

Maße: 148 × 148 cm
1 Stück altes Halbleinen von 150 × 150 cm • Reste von Baumwollstoffen, blau-weiß bedruckt, von alten Stickarbeiten, altem Leinen, blaugestreiften Geschirrtüchern, etc. • Nähgarn • Nähzubehör

NÄHANLEITUNG

Wenn nötig, die Kanten des Leinenquadrats sorgfältig mit der Schere begradigen und diese gegebenenfalls rundherum versäubern. Im Fall von dickerem Halbleinen ist das jedoch nicht unbedingt zweckdienlich. Die Kanten rundherum um 1 cm auf links einschlagen, bügeln und absteppen.
Aus den Stoffresten Streifen unterschiedlicher Breite und von einer Höhe von 25 cm zuschneiden (Sie können auch mehrere horizontale Streifen zusammennähen, um diese Höhe zu erreichen). Diese rechts auf rechts zu einem Patchwork von 148 × 25 cm zusammenfügen. Die vier Kanten um 1 cm links auf links einschlagen und bügeln.
Das Patchwork sorgfältig mittig und faltenlos glatt auf das Stück Halbleinen (kann eine alte Tischdecke sein) stecken. Knappkantig ringsherum aufsteppen. Sorgfältig bügeln.

(TIPP) SOLLTEN SIE ALTES LEINEN BENUTZEN UND BESONDERS, FALLS ES SICH UM EINE TISCHDECKE HANDELT, WASCHEN SIE DIESE VOR DEN NÄHARBEITEN MIT DER KOCHWÄSCHE, EINEM BLEICHZUSATZ UND EINEM WÄSCHEDESINFEKTIONSMITTEL (IN SUPERMÄRKTEN ERHÄLTLICH). NOCH IM FEUCHTEN ZUSTAND BÜGELN UND MIT SPRÜHSTÄRKE BEHANDELN, UM EINE GLATTE UNTERLAGE ZU ERHALTEN.

THE

Topflappen

Maße: 26 × 20 cm
Für jeden Topflappen: 20 × 20 cm Jeansstoff (Vorderseite) • 26 × 20 cm Jeansstoff oder Geschirrhandtuchstoff (Rückseite) • Stoffreste bedruckt in Blau-, Weiß- und Elfenbeintönen • 26 × 20 cm Spezial-Molton für Quilting • 1 m einfarbiges oder bedrucktes Schrägband • 25 cm elfenbeinfarbene Kordel • Nähgarn • Quiltfaden • wasserlöslicher Textilstift • Zerstäuber • Nähzubehör • Quiltnadel
Für den Topflappen mit „Haus“: 10 cm Zickzacklitze • 5 cm Hohlsaumlitze • Klöppelspitze als „Blumen“ (optional)
Für den Topflappen mit „Tasse“: 12 cm Feston-Spitze • 12 cm Band oder bedrucktes Schrägband • 10 cm einfarbiges Schrägband (Henkel)
Schablonen Seite 86–87

PATCHWORK

Schneiden Sie drei oder vier kleine unterschiedliche Stoffstücke zurecht und nähen Sie diese rechts auf rechts so zusammen, dass ein Rechteck von 8 × 20 cm entsteht. Dieses rechts auf rechts an eine Seitenkante des Jeansstoffs anpassen und 1 cm neben der Kante zusammensteppen.
Mithilfe der Schablonen die gewählten Stoffmotive aus den entsprechenden Stoffen ausschneiden. Diese auf dem Trägerstoff (Jeansstoff) arrangieren und entlang der Kanten mit Zickzackstichen applizieren. Einige Blumenmotive aus Spitze oder Baumwollstoff um das Haus herum drapieren und ebenfalls aufnähen. Lassen Sie sich bei dem Aufbringen der Borten, der Zickzacklitze und dem Band von den hier abgedruckten Vorlagen inspirieren.
Für den Henkel der Tasse Schrägband falten: Die Längskanten übereinanderlegen, die Enden versäubern. Das Schrägband leicht bogenförmig auf den Stoff drapieren. Langsam mit der Maschine applizieren. Dabei bei jeder Richtungsänderung das Nähfüßchen hochnehmen und in der gewünschten Richtung weiternähen.

FERTIGSTELLUNG

Den Stoff für die Rückseite, den Molton und das Patchwork übereinanderlegen. Die drei Lagen zusammenstecken und die Kanten rundherum mit Zickzackstich zusammennähen.
Das Rechteck aus unterschiedlichen Stoffteilen mit dem abwaschbaren Textilstift in einem Abstand von 3 cm schraffieren (im Winkel von 45 Grad). Anschließend von Hand quilten. Mit dem Zerstäuber das Ergebnis mit Wasser besprühen, um die zeichnerischen Hilfslinien zu entfernen.

ABSCHLIESSENDE ARBEITEN

Die Kordelenden an die Rückseite des Topflappens, jeweils 3 cm von den Ecken entfernt, an die Oberkante stecken. Das Schrägband um den Topflappen rechts auf rechts stecken. Das Band an seinem Anfang auf 1 cm links auf links einschlagen; das Schrägbandende 1 cm weit darüberlegen und den Überstand einkürzen. 1 cm neben der Kante absteppen. Den Kordelaufhänger nach oben klappen und mit einigen Stichen am Schrägband befestigen. Mit Bügeltuch glatt bügeln.

(TIPP) FALLS SIE ES NICHT GEWOHNT SIND, MIT DER MASCHINE KURVEN ZU NÄHEN, IST ES RATSAM, DEN TASSENHENKEL VON HAND ZU APPLIZIEREN.

Schürze

Maße: 49 cm breit; 84 cm lang (ohne Träger)
Weißer Stoff (ein altes, dünneres Leinenlaken ist ideal): 2 Rechtecke je 52 × 75 cm (A), 2 Rechtecke je 10 × 38 cm (B), 2 Rechtecke je 28 × 21 cm (C) • Blümchenstoff: 2 Rechtecke je 65 × 30 cm (D), 1 Rechteck 28 × 12 cm (E) • 4 Bänder je 50 × 10 cm aus leichter Patchwork-Baumwolle (F) • 2 × 38 cm Zickzacklitze, 2 cm breit • 40 cm langes weißes Band, 2 cm breit • 2 Bogenspitzen (Wäschespitze) mit Lochstickerei 38 cm lang, 5 cm breit • Nähgarn • Nähzubehör

VORDER- UND RÜCKSEITE

An jedem Teil A die schmale Oberkante um 5 mm und anschließend um 1 cm links auf links einschlagen. Bügeln und absteppen.
An der Nähmaschine eine lange Geradstichlänge wählen und 4 cm unterhalb der Oberkante mit der Maschine eine Naht nähen, ohne den Ober- und Unterfaden an Anfang und Ende zu vernähen. Zu beiden Seiten an den Fäden ziehen, um die Stoffbreite durch Einkräuseln auf 38 cm zu verkürzen. Anschließend die Fäden vernähen. Die Rüschen gleichmäßig verteilen. Die Zickzackborte über die Rüschennaht stecken und feststeppen. Das weiße Band zu einer Schleife binden und mittig auf die Zickzacklitze des Vorderteils nähen.
Die langen Seitenkanten des Vorder- und Rückteils um 5 mm und anschließend um 1 cm links auf links einschlagen. Bügeln und absteppen.
Die untere Kante versäubern. Auf 1 cm rechts auf rechts umschlagen, bügeln und absteppen.

RÜSCHEN (angesetzt)

Jedes Teil D rechts auf rechts zur Hälfte falten und dabei die langen Kanten passgenau übereinandergeben. Die offenen Kanten mit einer Nahtzugabe von 1 cm absteppen und eine Öffnung von 10 cm belassen. Auf rechts wenden. Die Kanten der Öffnungen einschlagen und mit verdeckten Saumstichen schließen.
1,5 cm unterhalb der langen Steppnaht jedes Rüschenstreifens mit langen Geradstichen eine Rüschennaht heften und bis auf 49 cm raffen.
Die Rüschen jeweils auf die rechte Seite des Vorder- und des Rückteils A so stecken, dass der Rüschenrand oberhalb des abgesteppten Saumumschlags verläuft. Ansteppen und die Fäden der Heftnaht herausziehen.

TRÄGER

Die langen Kanten der Teile B um 1 cm links auf links umschlagen, passgenau aufeinanderlegen und bügeln. Beim Zusammenstecken zwischen die langen Kanten jeweils eine Spitzenbordüre mit Lochstickerei so einlegen, dass diese gut 4 cm übersteht. Mit einer Steppnaht schließen.
Die Träger auf die linken Seiten der Teile A und 1 cm unterhalb der Oberkante stecken. Auf der Umschlagnaht der Rüsche am Rückteil feststeppen. Schürze anprobieren und falls nötig die Länge der Träger anpassen. Anschließend die noch losen Enden der Träger versäubern und an die Vorderseite nähen.

TASCHE

Teil E zwischen die langen Kanten der beiden Teile C rechts auf rechts stecken und mit einer Nahtzugabe von je 1 cm absteppen. Das entstandene Teil zur Hälfte rechts auf rechts auf die Mitte des Blümchenstoffs falten. Beide Kanten 1 cm neben der Kante absteppen. Auf rechts wenden. Die untere Kante um 1 cm links auf links einschlagen und bügeln. Die Tasche mittig auf die Vorderseite der Schürze stecken – 30 cm unterhalb der Oberkante. Die Unter- und die Seitenkanten der Tasche knappkantig aufsteppen.

SCHÜRZENBÄNDER

Die langen Kanten und eine der schmalen Endkanten der Teile F links auf links um 1 cm einschlagen. Die langen Kanten passgenau aufeinanderlegen und bügeln. Die drei Kanten kantennah absteppen. Die zweite Endkante versäubern und parallel zur Oberkante der Tasche an die Vorder- und schließlich an die Rückseite der Schürze stecken. Anschließend feststeppen.

Übertopf aus blauem Schachbrettstoff

Maße: Durchmesser 9 cm × 7 cm
Weißer für Patchworkarbeiten geeigneter Stoff: 7 Rechtecke je 4 × 7 cm, 14 Quadrate je 4 × 4 cm, 2 Streifen je 30 × 5 cm (Patchwork); 1 Streifen 30 × 17 cm (Futter) • blauer Patchworkstoff: 7 Rechtecke je 4 × 7 cm, 14 Quadrate je 4 × 4 cm • ungefähr 6 × 5 cm großer Stoff mit Blumenmotiv • 1 beidseitig aufbügelbares Haftvlies entsprechend der Maße des Blumenmotivs • 30 × 17 cm speziell zum Quilten geeigneter Molton • 85 cm langes und 2 cm breites weißes oder elfenbeinfarbenes Schrägband • 32 cm weiße Kordel • Stickgarn in zu dem Grundton des Blumenmotivs passender Farbe • Nähgarn • Näh- und Stickzubehör

PATCHWORK

Vor Arbeitsbeginn die Stoffe waschen und bügeln. Ein weißes und ein blaues Stoffrechteck rechts auf rechts aufeinanderlegen und eine der langen Kanten mit einer Nahtzugabe von 1 cm zusammennähen.
Auf dieselbe Art und Weise einen Streifen aus 14 Rechtecken abwechselnd in den Farben weiß und blau erstellen.
Nach dieser Methode zwei Streifen aus je 14 Stoffquadraten fertigen: Bei dem ersten Streifen mit einem weißen und bei dem zweiten mit einem blauen Quadrat beginnen. Dabei auf eine gleichmäßige Nahtzugabe achten, damit sich die einzelnen Teile bis zum letzten Arbeitsgang passgenau aneinanderfügen.
Die Streifen aus Quadraten über die Streifen aus Rechtecken nähen und dabei konsequent rechts auf rechts 1 cm knappkantig steppen, um die Passgenauigkeit fortzusetzen. Anschließend die beiden weißen Streifen von 30 × 5 cm an die Unterkante des Patchworks steppen. Auf diese Weise entsteht ein Patchwork von 30 × 17 cm.

APPLIKATION

Das Blumenmotiv ausschneiden. Das Motiv mit einem beidseitig aufbügelbaren Haftvlies gemäß den Vorgaben des Herstellers auf das Patchwork mittig über der Naht zwischen dem weiß-blauen Patchwork aus Quadraten und Rechtecken fixieren.
Mit 1-fädigem Stickgarn und dichten Langettenstichen einfassen.

FERTIGSTELLUNG

Den weißen Stoffstreifen von 30 × 17 cm, den Molton und das Patchwork übereinanderlegen. Durch alle Lagen zusammenstecken.
Mit Zickzackstichen über alle Kanten zusammenhalten.
Dieses Stoffteil zur Hälfte falten, das Patchwork nach innen. Die schmalen Kanten passgenau übereinanderlegen. Die schmalen Kanten mit 1 cm Nahtzugabe zusammennähen. Die Nahtzugaben leicht einkürzen, öffnen und über einem Ärmelbrett flach bügeln.
Für einen sauberen Abschluss ein 17 cm langes Schrägband glatt über die Nahtzugaben stecken und von Hand mit Blindstichen säumen.
Ein Schrägband von 34 cm rechts auf rechts an die Oberkante des Patchworks stecken. Die Bandenden um 1 cm übereinanderschieben und den Rest abschneiden. Von Hand mit Vorstichen 1 cm unterhalb der Kante festnähen. Das Schrägband nach innen schlagen und mit unsichtbaren Saumstichen annähen.

FUSS

Exakt unterhalb der Naht zwischen den beiden unteren angesetzten weißen horizontalen Streifen von Hand eine Heftnaht aus regelmäßigen Geradstichen von 3 mm Länge ausführen; den Faden an Anfang und Ende nicht vernähen und ungefähr 20 cm zu beiden Seiten überstehen lassen.
Eine zweite identische Naht etwas tiefer unter der ersten und mit versetzten Stichen ausführen. Die beiden Fäden zusammenziehen, bis sich der Umfang auf 23 cm verringert hat. Die Kräuselung gleichmäßig verteilen. Die beiden Fäden in eine Nadel mit größerem Öhr einfädeln und auf der Rückseite sorgfältig vernähen.
Ein 34 cm langes Schrägband rechts auf rechts um den Fuß stecken. Wie zuvor vorgehen, das Ende einschlagen und anschließend von Hand festnähen. Die Kordel über die Naht legen, mit großen Stichen fixieren und den Überstand abschneiden. Das Schrägband nach innen schlagen und mit unsichtbaren Saumstichen annähen.

Tischset

Maße: 41 × 35 cm
Weißer Baumwollstoff: 34 Quadrate je 5 × 5 cm, 1 Rechteck 35 × 23 cm (Patchwork); 1 Rechteck 41 × 35 cm (Futter) • roter Baumwollstoff: 32 Quadrate je 5 × 5 cm • 14 × 14 cm geblümter Stoff auf rotem Grund • 41 × 35 cm Spezialmolton für das Quilten • 60 cm lange und 2 cm breite weiße Spitzenborte • 1,60 m weißes Schrägband • Nähgarn • Quiltgarn • Nähzubehör • Quiltnadel
Aufbau des Patchworks Seite 85

PATCHWORK

Ein weißes und ein rotes Stoffquadrat rechts auf rechts übereinanderlegen und mit einer Nahtzugabe von 1 cm an einer Kante zusammensteppen. Nach diesem Prinzip vier Streifen aus je 13 Teilen mit abwechselnder farblicher Reihenfolge erstellen; hierbei zweimal mit einem weißen Quadrat und zweimal mit einem roten Quadrat beginnen und enden. Bügeln. Dabei die Nahtzugaben flach auf die Seite der roten Quadrate bügeln. Die Streifen paarweise zusammensteppen und dabei auf versetzt alternierende Farbquadrate achten. Erneut bügeln.
Für die beiden vertikalen Seitenstreifen des Sets je sieben Quadrate zusammenfügen, wobei ein weißes Quadrat jeweils Anfang und Ende bildet (siehe Skizze S. 85). Die Seitenteile rechts auf rechts an die Seitenkanten des weißen Stoffrechtecks von 35 × 23 cm stecken und mit einer Nahtzugabe von 1 cm zusammensteppen. Die Nahtzugaben nach außen klappen. Nach derselben Methode mit den breiten horizontalen Streifen für oben und unten verfahren. Die Nahtzugaben ebenfalls nach außen umlegen.

APPLIKATION

Das Quadrat aus geblümtem Stoff in die Mitte des Sets stecken. Rundherum mit Zickzackstichen aufnähen. Mit der Nähmaschine die Spitzenborte rundherum applizieren; vor Beendigung der Naht die Enden der Borte so einschlagen, dass sie eine runde Ecke bilden und die Überstände abschneiden.

FERTIGSTELLUNG

Das Futter, den Molton und das Patchwork übereinanderlegen und alle Lagen zusammenstecken. Die Kanten rundherum mit Zickzackstichen einfassen. Die Nahtzugaben an den vier Ecken schräg abschneiden. Das Schrägband rechts auf rechts um das Set stecken. Den Anfang ungefähr 1 cm links auf links einschlagen; das Ende um 1 cm darübergeben und den Überschuss abschneiden. 1 cm unterhalb der Kante ansteppen. Das Schrägband über die Kanten des Patchworks auf die Rückseite schlagen und von Hand mit verdeckten Saumstichen annähen.

ABSCHLIESSENDE ARBEITEN

Die Umrisse des weißen, mittigen Rechtecks entlang der Nähte des Patchworks von Hand quilten. Bügeln.

(TRICK) AUF DIE GLEICHMÄSSIGKEIT DER NAHTZUGABEN ACHTEN, UM EIN EXAKTES SCHACHBRETTMUSTER ZU ERZEUGEN. HIERBEI KANN ES HILFREICH SEIN, EINEN KLEBSTREIFEN IM ABSTAND VON 1 CM PARALLEL ZUR NADEL AUF DIE STICHPLATTE DER NÄHMASCHINE ZU KLEBEN.

Gefäß aus rotem Schachbrettstoff

Maße: Durchmesser 13,5 cm, Höhe 20 cm
Weißer Patchworkstoff: 7 Rechtecke je 5 × 10 cm, 14 Quadrate je 5 × 5 cm (Patchwork); 2 Streifen je 44 × 5 cm, 1 Streifen 44 × 22 cm (Futter), 2 Kreisformen von je einem Durchmesser von 14,5 cm • roter Patchworkstoff: 7 Rechtecke je 5 × 10 cm, 14 Quadrate je 5 × 5 cm • Stoffausschnitt mit Blumenmotiv ungefähr 7 × 7 cm • beidseitig haftendes Bügelvlies (z. B. Vliesofix) der Größe des Blumenmotivs entsprechend • Molton für Quiltarbeiten: 1 Rechteck 44 × 22 cm, 1 Kreisform Durchmesser 14,5 cm • 70 cm langes und 2 cm breites elfenbeinfarbenes Schrägband • 45 cm weiße Kordel • Stickgarn, farblich auf das Blumenmotiv abgestimmt • Nähgarn • Zirkel • Näh- und Stickzubehör

PATCHWORK

Vor Arbeitsbeginn die Stoffe waschen und bügeln. Ein weißes und ein rotes Rechteck rechts auf rechts übereinanderlegen und an einer Längskante mit einer Nachtzugabe von 1 cm zusammensteppen. Auf diese Weise einen Streifen aus 14 abwechselnd weißen und roten Rechtecken arbeiten.

Bei 2 Streifen aus je 14 Quadraten auf dieselbe Weise verfahren: Bei dem ersten Streifen mit einem weißen Quadrat und bei dem zweiten mit einem roten Quadrat beginnen. Darauf achten, die Nahtzugaben gleichmäßig einzuhalten, damit das Muster bis zum letzten Nähschritt passgenau bleibt.

Indem immer rechts auf rechts und mit einer Nahtzugabe von 1 cm genäht wird, die Streifen aus Quadraten über die Streifen aus Rechtecken nähen. Anschließend die beiden Streifen aus weißem Stoff von 44 × 5 cm an die untere Kante des Patchworks nähen. Auf diese Weise entsteht ein Patchwork der Maße 44 × 22 cm.

APPLIKATION

Das Blumenmotiv ausschneiden. Dieses Motiv mithilfe des beidseitig haftenden Bügelvlieses nach der Gebrauchsanleitung des Herstellers auf das Patchwork aufbringen. Sein Platz ist in der Mitte und ungefähr auf der Verbindungsnaht zwischen Patchworkquadraten und -rechtecken.

Das Motiv mit 1-fädigem Stickgarn in engen Langettenstichen einfassen und aufsticken.

FERTIGSTELLUNG

Den weißen Streifen von 44 × 22 cm, den Molton und das Patchwork aufeinanderlegen. Durch alle Lagen zusammenstecken. Mit Zickzackstichen einfassen.

Die Näharbeit zur Hälfte falten, das Patchwork nach innen. Die schmalen Seiten passgenau aufeinanderlegen. Letztere 1 cm neben den Kanten zusammensteppen. Die Nahtzugaben leicht einkürzen und über dem Ärmelbrett auseinanderbügeln. Ein 22 cm langes Schrägband flach über die Nahtzugaben stecken und von Hand mit verdeckten Saumstichen aufnähen.

Die Patchwork-Oberkante 1 cm auf links umschlagen, nach innen einrollen und mit unsichtbaren Saumstichen an den weißen Stoff nähen.

FUSS

Knapp über der Naht zwischen den beiden horizontalen unteren weißen Stoffstreifen von Hand eine Naht aus gleichmäßigen, ungefähr 3 mm langen Geradstichen über das ganze Rund arbeiten. Dabei den Faden am Anfang und Ende nicht vernähen und mit einem Überstand von jeweils 20 cm abschneiden.

Knapp darüber eine zweite, identische Naht mit kleineren Stichen ausführen. Die beiden Fäden zusammenziehen, um den Umfang auf 32 cm zu reduzieren. Die Kräuselung gleichmäßig verteilen. Die beiden Fäden in eine Nadel mit größerem Öhr fädeln und auf der linken Seite sorgfältig vernähen.

BODEN

Die Kreisform aus Molton zwischen die beiden weißen Stoffkreisformen legen. Mit Zickzackstich rundherum einfassen. Den Gefäßboden an den unteren Teil der Handarbeit links auf links stecken und anschließend 5 mm unter der Kante absteppen.

Das restliche Schrägband um die Unterkante des Behältnisses rechts auf rechts stecken. Den Anfang links auf links um 1 cm einschlagen; das Ende ungefähr 1 cm darüberlegen und den Rest abschneiden. 1 cm neben der Kante ansteppen.

Die Kordel auf die Naht stecken und mit langen Stichen festnähen, den Überstand abschneiden. Das Schrägband über die Kante und auf den Gefäßboden schlagen und mit verdeckten Saumstichen annähen.

LOVE

4. Gartenlust

Picknicktasche

Strohhut

Gartendecke

Moskitonetz

Kissen „Love“

Hängeregal aus Stoff

Picknicktasche

Maße: 35 × 38 cm (ohne Henkel)
13 × 22 cm weißer Baumwollstoff (vorderer vertikaler Mittelteil A) • 2 Rechtecke je 4 × 22 cm aus gestreiftem Baumwollstoff (Trennstreifen B) • geblümter Stoff 1: 2 Rechtecke je 12 × 22 cm (vertikale Seitenteile C), 1 Rechteck 37 × 30 cm (Rückseite Teil F) • geblümter Stoff 2: 37 × 10 cm (oberer horizontaler Randstreifen D) • roter Karostoff: 2 Rechtecke je 37 × 12 cm (Bodenteil E), 2 Rechtecke je 50 × 8 cm (Henkel) • 37 × 78 cm Baumwollstoff (Futter) • 10 × 10 cm Blumenmotiv auf Stoff der ungefähren Maße 7 × 8 cm (Applikation) • 2 Rechtecke aus elfenbeinfarbener Baumwollgaze je 37 × 40 cm • 10 × 10 cm Bügel-Haftvlies • 2 Rechtecke je 37 × 40 cm feiner Molton • 2 Streifen je 50 × 3 cm fester Molton • 80 cm lange und 12 mm breite rote Zickzacklitze • 37 cm lange und 12 mm breite Blümchenborte • Nähgarn • Quiltfaden, elfenbeinfarben oder weiß • wasserlöslicher, auswaschbarer Markierstift für Textilien • Sprühflasche • Nähzubehör • Quiltnadel
Aufbau des Patchworks Seite 85

VORDERSEITE

Fertigen Sie ein Patchwork, indem Sie seine Einzelteile mit einer Nahtzugabe von 1 cm rechts auf rechts gemäß folgendem Schema zusammenfügen: die Teile B beiderseits von Teil A, daran anschließend zu beiden Seiten die Teile C, darüber das Teil D und darunter einen Teil E (siehe Abb. 1, S. 85).
Das Bügel-Haftvlies auf die Rückseite des Blumenmotivs (siehe Vorbereitung S. 21) aufbügeln. Das Motiv als Oval der ungefähren Maße 7 × 8 cm ausschneiden. In die Mitte auf Teil A stecken, mit Zickzackstichen einfassen und aufnähen. Die Zackenlitze rundherum über die Naht nähen.
Die Teile C mit dem auswaschbaren Textilstift in Abständen von 3 cm im 45-Grad-Winkel schraffieren. Je ein Teil aus naturfarbener Baumwollgaze, dünnem Molton und Patchwork übereinanderlegen.
Alle Lagen mit Stecknadeln fixieren und mit langen Stichen strahlenförmig von der Mitte aus zusammenheften. Anschließend entlang der aufgezeichneten Quiltlinien von Hand quilten. Mit der Sprühflasche die Nähte mit Wasser besprühen, um die Hilfslinien des Textilstifts zu entfernen.
37 cm Zickzacklitze auf die horizontale Naht mit Teil D und die geblümte Borte auf die horizontale Naht mit Teil E nähen.

RÜCKSEITE

Das noch unverbrauchte Teil E unter das Teil F rechts auf rechts stecken und die horizontale Naht mit einer Nahtzugabe von 1 cm (siehe Abbildung 2 Seite 85) nähen.
Von einer Ecke des Teils F ausgehend Quiltlinien im 45-Grad-Winkel und einem Abstand von 3 cm von Kante zu Kante ziehen. Die Baumwollgaze und den restlichen Molton darüberlegen, die Rückseite obenauf geben, zusammenheften und wie zuvor quilten. Die Hilfslinien des Markierstifts entfernen.

HENKEL

An den für die Henkel bestimmten Stoffstreifen die langen Kanten auf 1 cm links auf links einschlagen, übereinanderlegen und bügeln. Einen Streifen aus festem Molton zwischen die beiden Lagen geben. Die jeweils lange, offene Kante mit einer Steppnaht schließen.

FERTIGSTELLUNG

Vergewissern Sie sich, dass Vorder- und Rückteil exakt und mit geraden Kanten übereinander passen. Falls nötig, die Kanten und folglich auch den Futterstoff leicht angleichen.
Die Vorder- und Rückseite rechts auf rechts übereinanderlegen. Seiten- und Bodenkante zusammenstecken und mit einer Nahtzugabe von 1 cm zusammennähen.
Je einen Henkel links auf links an Vorder- und Rückseite 9 cm von der jeweiligen Seitennaht entfernt und ungefähr 1 cm tief ins Tascheninnere anstecken. 5 mm unterhalb der Oberkante für einen guten Halt feststeppen.
Den Futterstoff rechts auf rechts zur Hälfte falten, wobei die schmalen Kanten passgenau aufeinandergelegt werden. Die schmalen Kanten mit einer Nahtzugabe von 1 cm zusammensteppen und auf einer Seite eine Öffnung von 15 cm belassen. Die Nähte aufbügeln.
Die Tasche rechts auf rechts in den Futterstoff geben, wobei die Henkel nach unten innen gelegt werden. 1 cm unterhalb der Oberkante durch alle Lagen rundherum zusammensteppen. Anschließend auf rechts wenden. Die Kanten der Öffnung nach innen schlagen und mit unsichtbaren Saumstichen schließen.
Das Futter in der Tasche zurechtrücken und glatt streichen. Schonend unter einem Bügeltuch bügeln.

Strohhut

110 × 8 cm geblümter Stoff • je 20 × 10 cm von 6 unterschiedlich gemusterten Stoffen (geblümt und gepunktet) • 110 cm kariertes Schrägband • dekorativer Knopf, 22 mm Durchmesser • 1 Strohhut, Typ Kreissäge • Nähfaden • Nähzubehör
Schablone Seite 87

HUTBAND

Das Stoffband zur Hälfte rechts auf rechts falten, indem die langen Seiten passgenau aufeinandergelegt werden. Die schmalen Kanten mit einer Nahtzugabe von je 1 cm zusammensteppen. Die Nahtzugaben an den Ecken schräg abschneiden. Auf rechts wenden, die Enden sorgfältig ausstülpen, die langen Seiten passgenau übereinanderlegen und bügeln. Das karierte Schrägband an eine offene Längskante rechts auf rechts stecken, die Enden auf 1 cm nach innen einschlagen und mit einer Nahtzugabe von 1 cm absteppen. Das Schrägband auf die andere Seite überschlagen und mit unsichtbaren Saumstichen annähen.
Das Band um den Strohhut legen und an der Rückseite zusammenknoten.

BLÜTE

Die Schablone zweimal auf jeden der sechs unterschiedlichen Stoffe übertragen. Die Teile ausschneiden. Je zwei rechts auf rechts übereinanderlegen. Die langen Seiten knappkantig zusammensteppen. Auf rechts wenden und bügeln.
Die beiden unteren Ecken eines jeden Blütenblattes leicht zur Mitte der Blattbasis einfalten und von Hand mit ein paar Stichen fixieren.
Die Blütenblätter sternförmig anordnen, in der Mitte zusammennähen und anschließend den Knopf über dem Zentrum befestigen. Die Blüte an das Hutband nähen.

(TIPP) SIE KÖNNEN BEI DEN BLÜTENBLÄTTERN AUCH ZWEIMAL DENSELBEN STOFF VERWENDEN.

Gartendecke

Maße: 85 × 126 cm
2 Rechtecke je 85 × 126 cm aus festem elfenbeinfarbenem Stoff (z. B. altes Halbleinen, Polsterstoff) • geblümter Stoff für die Einfassung: 2 Streifen je 90 × 6 cm, 2 Streifen je 130 × 6 cm • Stoffquadrate und Rechtecke von je 20 bis 40 cm Kantenlänge in unterschiedlichen Mustern • 85 × 126 cm Molton • Nähfaden • Nähzubehör

PATCHWORK

Die geblümten Stoffquadrate und Rechtecke auf das eine der beiden elfenbeinfarbenen Stoffteile (den Trägerstoff) legen. Feststecken und anschließend mit Zickzackstichen umranden und aufsteppen.

ZUSAMMENSTELLUNG

Die beiden elfenbeinfarbenen Stoffteile links auf links mit dem Molton in der Mitte übereinanderlegen. Von der Mitte aus sternförmig durch alle Lagen zusammenstecken und heften. Wenn nötig, die Kanten angleichen, bis diese exakt gerade sind. Knappkantig zusammensteppen.

EINFASSUNG

Die langen Streifen an die langen Seiten der Decke rechts auf rechts stecken und mit einer Nahtzugabe von 1 cm absteppen. Den Überstand an den Enden einkürzen. Die freie lange Kante des Streifens um 1 cm einschlagen, rechts auf rechts auf die andere Seite der Decke umschlagen und mit verdecktem Saumstich auf der Rückseite annähen.
Die beiden übrigen Streifen rechts auf rechts und 1 cm neben der Kante an die schmalen Seiten der Decke steppen. An den Enden den Überstand nach innen einschlagen. Die jeweils freie Kante ebenfalls einschlagen, umschlagen und auf der Rückseite annähen.

Moskitonetz

Maßangaben: Für ein Moskitonetz mit einem Ringdurchmesser von 56 cm
Karostoff mit 1 × 1 cm großen Karos: 1 Quadrat 65 × 65 cm, 2 Streifen je 92,5 × 20 cm, 2 Streifen je 150 × 12 cm • geblümter Stoff: 4 Rechtecke je 20 × 15 cm, 4 Quadrate je 15 × 15 cm • steifes Bügel-Haftvlies: 4 Rechtecke je 20 × 15 cm, 4 Quadrate je 15 × 15 cm, 1 Kreis 5 cm Durchmesser • Nähgarn • 1 Moskitonetz mit einem Ring von 56 cm Durchmesser (z. B. von Ikea) • Zirkel • Nähzubehör
Schablonen Seite 88

VORBEREITUNG

Mit dem Bügeleisen das Bügel-Haftvlies auf die linke Seite eines jeden der acht Teile aus geblümtem Stoff fixieren (siehe Vorbereitung S. 21). Die Schablone für den Schmetterling auf die vier Rechtecke und die Blütenschablone auf die vier Quadrate übertragen. Die Einzelteile ausschneiden.

KUPPEL

Den Ring des Moskitonetzes auf das Quadrat aus kariertem Stoff legen. Den Umfang mit Schneiderkreide auf den Stoff übertragen und mit einer Nahtzugabe von 1 cm ausschneiden. Den Stoffkreis 4-fach falten, um seine Mitte zu ermitteln. Diese anschließend mit Schneiderkreide durch ein Kreuz markieren.
Den Kreis aus Haftvlies mittig auf die linke Seite des Karostoffs aufbügeln. Darauf einen sorgfältig in der Mitte platzierten Kreis von 3,5 cm Durchmesser zeichnen. Letzteren vorsichtig ausschneiden. Auf diese Weise entsteht eine versteifte Ringform von einer Breite von 1,5 cm, die die mittige Öffnung verstärkt und verhindert, dass der Stoff ausfranst.

UMRANDUNG

Die beiden Streifen aus Karostoff von je 92,5 × 20 cm rechts auf rechts aufeinanderlegen. Die schmalen Seiten 1 cm neben den Kanten zusammensteppen, um einen Ring zu erhalten. Entlang der unteren langen Kante einen schmalen Saum arbeiten. Den oberen Rand um die Kuppelform rechts auf rechts stecken und 1 cm unterhalb der Kante ansteppen.

APPLIKATIONEN

Die Schmetterlinge und Blüten abwechselnd so auf die breite Umrandung stecken, dass sie etwas über die untere Kante hinausragen. Mit der Maschine entlang ihrer Umrisse aufsteppen.

(TRICK) BEI ABWEICHENDEM DURCHMESSER DES MOSKITONETZRINGS MUSS AUCH DIE LÄNGE DER STREIFEN FÜR DIE UMRANDUNG NEU BERECHNET WERDEN. DIESE ERRECHNET SICH WIE FOLGT: DEN DURCHMESSER DES RINGS AUSMESSEN UND MIT 3,1416 MULTIPLIZIEREN, UM DEN UMFANG ZU ERHALTEN. DANN 2 CM ABZIEHEN, UM DEN NAHTUMFANG (= U) ZU BERECHNEN. TEILEN SIE U DURCH 2, ADDIEREN SIE 2 CM FÜR DIE NAHTZUGABE HINZU: SIE ERHALTEN DIE LÄNGE JEDES STREIFENS.

SCHLEIFEN

Die vier Seiten eines jeden restlichen Karostreifens links auf links um 1 cm einschlagen und bügeln. Die langen Seiten links auf links aufeinanderlegen und erneut bügeln. Drei offene Kanten mit einer Steppnaht schließen. Bügeln.

Das Moskitonetz über einem Tisch oder auf dem Boden ausbreiten. Die Position der beiden Schleifen zu beiden Seiten der Öffnung ungefähr 80 cm unterhalb des Rings ausmessen. An diesem Punkt den Tüll auf einer Breite von ungefähr 70 cm raffen und mit ein paar Nadeln fixieren. Das Band mittig auf das Geraffte stecken und anschließend so festnähen, dass die Falten gefasst sind. Die Bänder entweder zu dekorativen Schleifen zusammenbinden oder sie benutzen, um das Moskitonetz zu öffnen und die Tüllbahnen am Ast eines Baumes, an der Wiege oder an anderen Gegenständen zu befestigen, um das Netz geöffnet zu halten.

LOVE
LOVE

Kissen „Love“

Maße: 70 × 52 cm
Unterschiedlich gemusterte, für Patchwork geeignete Stoffe: 8 Rechtecke je 25 × 20 cm, 2 Rechtecke je 25 × 15 cm, 4 Rechtecke je 20 × 15 cm, 4 Quadrate je 20 × 20 cm (Patchwork); 4 Quadrate je 10 × 10 cm (Buchstaben) • 72 × 53,5 cm Leinen • 4 Quadrate je 10 × 10 cm aus Bügel-Haftvlies • Watte für die Füllung • rotes Stickgarn • Nähfaden • 65 × 25 cm grauer Karton • 65 × 25 cm festes Papier (z. B. Packpapier) • 1 Blatt Papier 80 × 60 cm • Schneidematte • Lineal • Passepartoutmesser • Rollschneider • Näh- und Stickzubehör
Schablonen und Aufbau des Patchworks Seiten 89 bis 93

SCHABLONEN

Die vier Schablonen von A bis D je einmal entlang der schwarzen Linien auf den grauen Karton übertragen. Mithilfe eines Passepartoutmessers und eines Lineals exakt ausschneiden.
Dieselben Schablonen diesmal entlang der roten Linien auf das Packpapier übertragen und anschließend ausschneiden.
Mithilfe der Papierschablonen das gesamte Patchworkmuster auf das große Blatt Papier aufzeichnen. Diese Vorlage versteht sich als Hilfe für eine harmonische Gestaltung des Musters und zur Veranschaulichung des Gesamtbildes vor der endgültigen Fertigstellung.

SCHNITTE

Mit den Karton-Schablonen ausschneiden:
2 Teile A, dann 2 weitere Teile A, indem die Vorlage um die vertikale Achse gespiegelt wird;
8 Teile B
4 Teile C
2 Teile D

VORBEREITUNG DER EINZELTEILE

Auf die linke Seite jedes Stoffteils sorgfältig und mittig die entsprechenden Papierschablonen legen. Die Nahtüberstände auf das Papier umschlagen und bügeln, um die Nahtlinien zu markieren. Die Teile auf den Patchworkplan legen. Die jeweiligen Positionen verändern oder, wenn nötig, ein neues Teil in einem anderen Stoffmuster ausschneiden. Gefällt das Muster, die Nahtzugaben umbücken.

PATCHWORK

Die Teile zusammenfügen. Dabei exakt auf den durch Bügeln markierten Nahtlinien steppen. An den Enden jeweils 8 mm offen lassen.
Beginnen Sie mit der Zusammenstellung von 5 vertikalen Streifen:
A,C, C, A;
B, B, B;
D, B, B, D;
B, B, B;
A, C, C, A.

Nähen Sie die drei mittigen Streifen zusammen und fügen Sie anschließend die Seitenstreifen an. Bügeln Sie das Patchwork.

APPLIKATIONEN

Fixieren Sie das Haftvlies mit dem Bügeleisen auf die Rückseite der Stoffquadrate, aus denen die Buchstaben geschnitten werden sollen (siehe Vorbereitung S. 21). Übertragen Sie darauf die Buchstabenschablonen und schneiden Sie die Buchstaben aus. Über die Mitte des Patchworks stecken.

Anschließend mit 2-fädigem rotem Stickgarn mit Feston- oder Langettenstichen einfassen und applizieren.

FERTIGSTELLUNG

Patchwork und Leinen rechts auf rechts übereinanderlegen. Die Kanten mit einer Nahtzugabe von 8 mm zusammensteppen und dabei auf einer Seite eine Öffnung von 15 cm belassen. Die Handarbeit auf rechts wenden und bügeln. Durch die Öffnung mit Watte füllen.

Die Ränder der Öffnung einschlagen und mit verdeckten Saumstichen schließen.

LOVE

jardin

❋ HÄNGEREGAL AUS STOFF

Maße: 58 × 64 cm
1 Handtuch 58 × 96 cm • 30 × 36 cm gestreifter Baumwollstoff aus einem Geschirrtuch geschnitten • bedruckte Baumwollstoffe: 2 Rechtecke je 20 × 15 cm (Schmetterlinge), 1 Streifen 58 × 6 cm für Stoffflecken • 2 Rechtecke je 20 × 15 cm aus dünnem Bügel-Haftvlies • 2 rote Knöpfe mit 2 cm Durchmesser • 2 Knöpfe mit 1 cm Durchmesser: 1 × rot, 1 × braun (nur nötig, wenn der Schriftzug „jardin“ verwendet wird. Bei dem entsprechenden deutschen Schriftzug „Garten“ kann auf die Knöpfe verzichtet werden.) • 80 cm Schnur • 1 Bambus- oder Holzstab ungefähr 72 cm lang • Nähgarn • Nähzubehör
Schablone Seite 88

VORBEREITUNG

Das Haftvlies mit dem Bügeleisen auf die linke Seite des für die Schmetterlinge bestimmten, bedruckten Stoffs aufbringen (siehe Vorbereitung S. 21). Die Schablone auf den verstärkten Stoff übertragen und anschließend ausschneiden.
Zwei beliebige Stücke aus dekorativen Stoffresten ausschneiden: Blumen oder Früchte entlang der Umrisse des Motivs oder Rechtecke von ungefähr 5 cm Seitenlänge.

UNTERE FÄCHER

Die langen Kanten des bedruckten Stoffstreifens jeweils links auf links einschlagen und umbügeln. Diesen Streifen umfassend über die schmale untere Kante des Handtuchs stecken und mit einer Doppelnaht feststeppen.
Die schmale untere Kante des Handtuchs 25 cm weit nach oben umschlagen und die Seitenkanten zusammenstecken. Über das entstandene Fach zwei vertikale Linien je 16 cm von jeder Seite gemessen ziehen, um damit drei Tascheneingriffe zu markieren. Die Stecknadeln entfernen und das Fach wieder aufklappen und auf der Vorderseite der späteren Fächer weiterarbeiten.
Über das mittlere Fach einen Schmetterling stecken, ohne eine der vertikalen Linien zu berühren, und einige andere Stoffausschnitte zu beiden Seiten auf den angrenzenden Fächern verteilen. Den Schmetterling und die Kleinteile entlang ihrer Umrisse mit der Maschine aufsteppen. Einen der 2 cm-Knöpfe auf den Schmetterling nähen.
Den unteren Handtuchteil erneut hochklappen. Die Seitenkanten 1 cm neben dem Rand zusammensteppen. Anschließend die Fächer entlang der aufgezeichneten Linien absteppen.

TUNNELSAUM

Die obere, schmale Kante des Handtuchs auf rechts um 7 cm einschlagen und absteppen, um einen Tunnelzug herzustellen.

OBERE TASCHE

Die vier Kanten des Geschirrhandtuchausschnitts links auf links um 5 mm doppelt einschlagen und bügeln. Das Geschirrtuch zur Hälfte links auf links falten, die schmalen Kanten passgenau übereinanderlegen und den Stoffbruch mit dem Bügeleisen markieren. Anschließend wieder auffalten.
In die untere Hälfte mittig das Wort „jardin“ oder „Garten“ handschriftlich mit Bleistift schreiben. Die Schnur applizieren, indem man diese nach und nach mit kleinen einzelnen Stichen befestigt. Für den französischen Schriftzug „jardin“ die beiden Knöpfe von 1 cm Durchmesser als i-Punkte für das „j“ und das „i“ annähen. Rechts und links einige kleine Stoffmotive aufnähen.
Die untere Kante des Geschirrtuchs ungefähr 15 cm unterhalb der Oberkante des Handtuchs rechts auf rechts auf das Handtuch stecken und knappkantig aufsteppen.
Die Tasche nach oben klappen, die Seitenkanten einschlagen, feststecken und anschließend ebenfalls knappkantig aufsteppen. Den zweiten Schmetterling in die obere rechte Ecke applizieren und den letzten Knopf darüber annähen.
Den Bambus- oder Holzstab durch den Tunnelzug stecken.

Schablonen Stickstícharten

PATCHWORKKISSEN MIT ROSENMOTIV

Seite 6
Stickvorlage

EINFACHES KISSEN IN BLÜTENFORM

Seite 13
Stickvorlage

PACHTWORKKISSEN MIT ROSENMOTIV

Seite 6
Aufbau des Patchworks

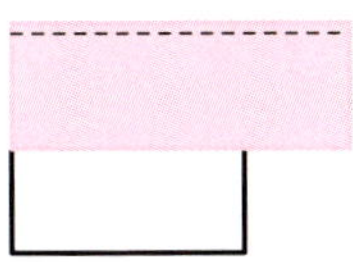

Abb. 1

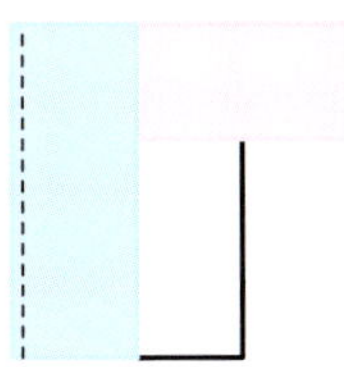

Abb. 2

Abb. 3

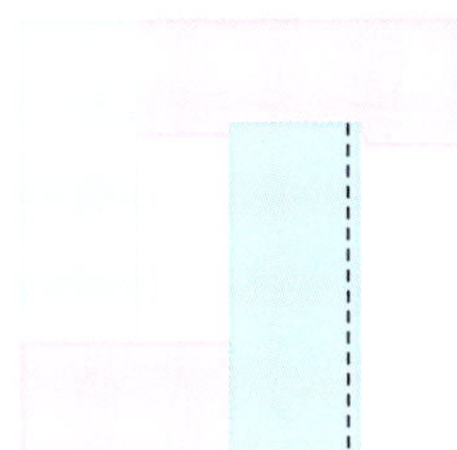

Abb. 4

Abb. 5

QUILT MIT ALTEN STICKMOTIVEN

Seite 9
Aufbau des Patchworks

KORB MIT WEISSEN, AUFGESETZTEN BLÜTEN

Seite 27
Schablonen für drei Blütenblätterlagen

EINFACHES KISSEN IN BLÜTENFORM

Seite 13
¼ der Blütenform/ Vorder- und Rückseite

BEUTEL-TÄSCHCHEN

Seite 30
Ausformung des Taschenbodens

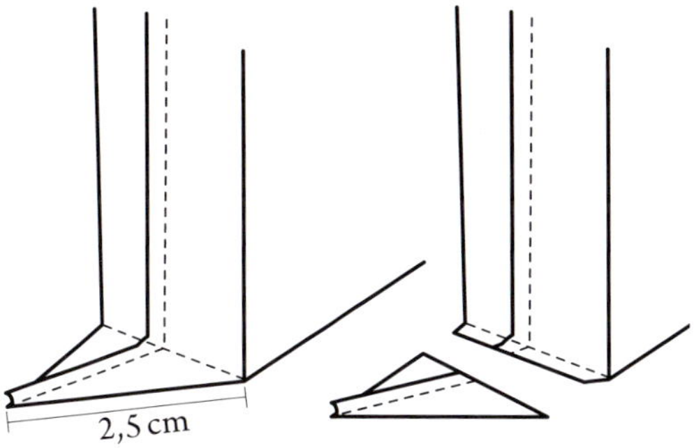

OVERNIGHT-TASCHE

Seite 33
Zuschnitt der Ecken (Taschenboden)

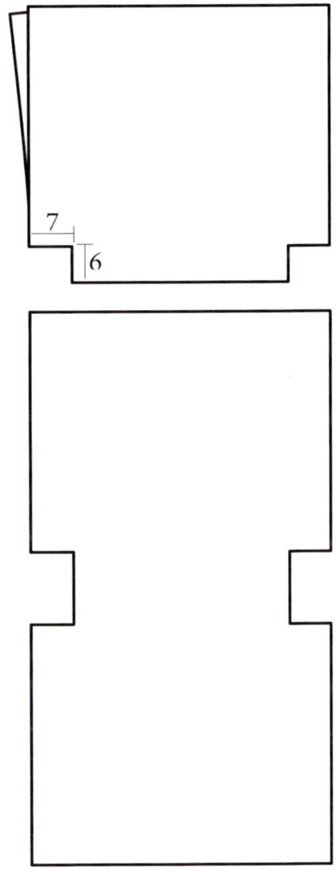

TISCHSET

Seite 55
Aufbau des Patchworks

PICKNICKTASCHE

Seite 63
Aufbau des Patchworks/ Vorder- und Rückseite

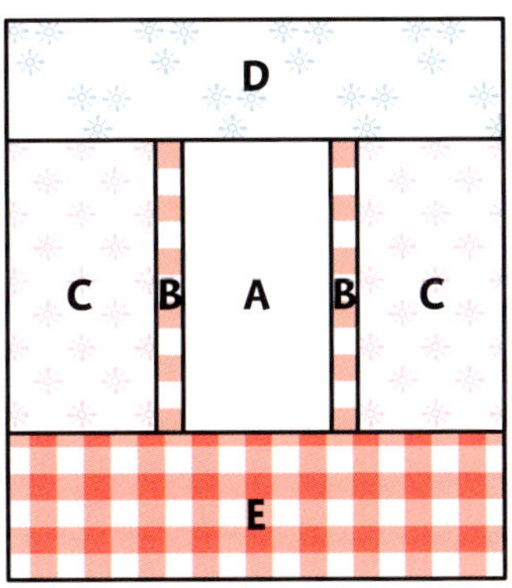

Abb. 1

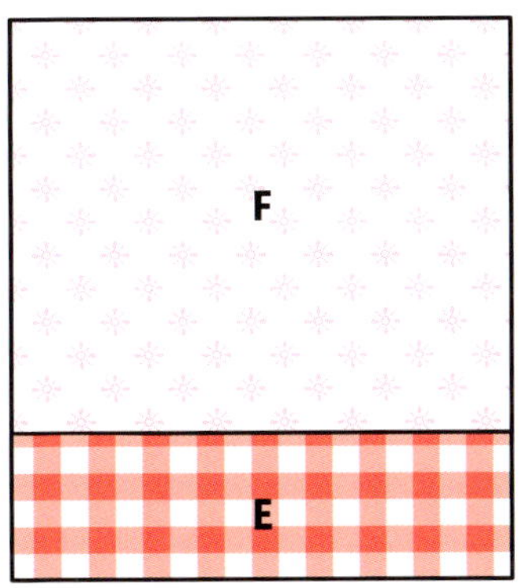

Abb. 2

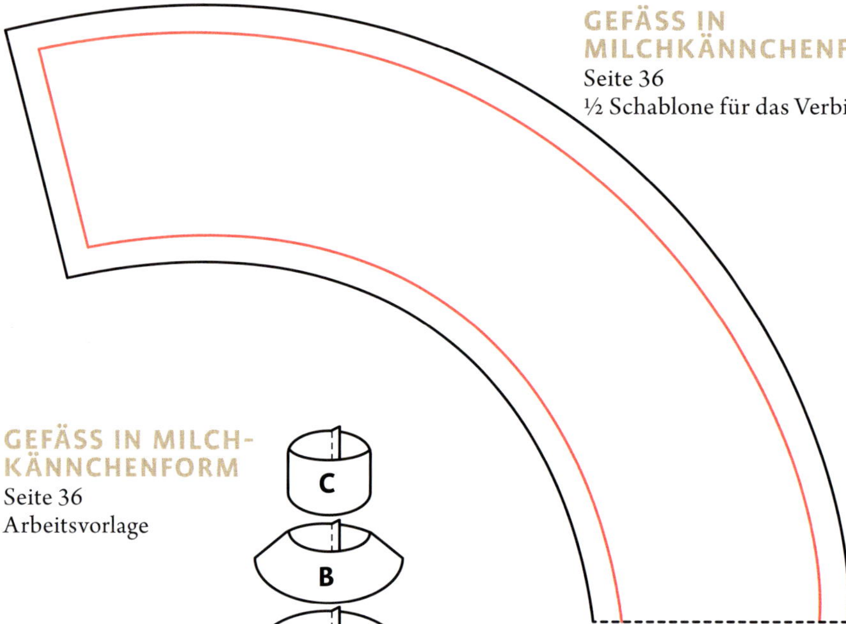

GEFÄSS IN MILCHKÄNNCHENFORM

Seite 36

½ Schablone für das Verbindungsteil B

GEFÄSS IN MILCH-KÄNNCHENFORM

Seite 36

Arbeitsvorlage

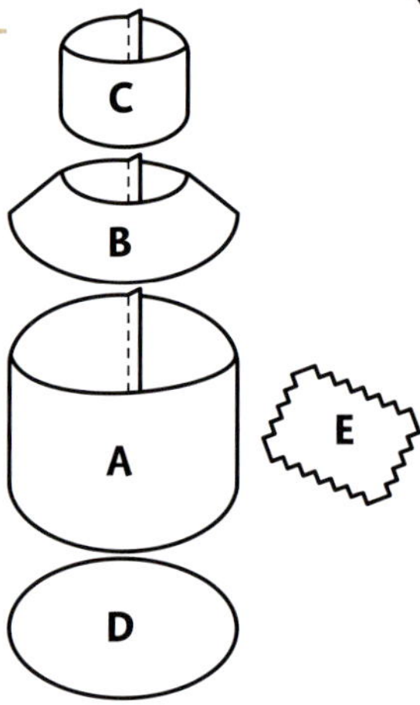

TOPFLAPPEN

Seite 45

Schablone: Haus 1

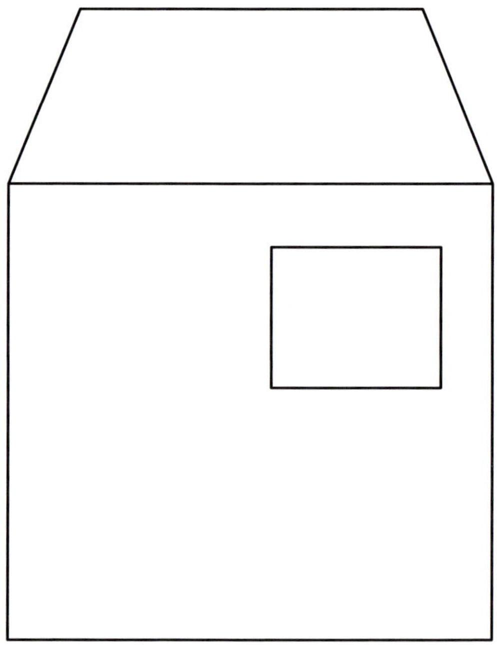

GEFÄSS IN MILCHKÄNNCHENFORM

Seite 36

Etikett mit Schriftzug (Stickvorlage)

TOPFLAPPEN

Seite 45
Schablone: Haus 2

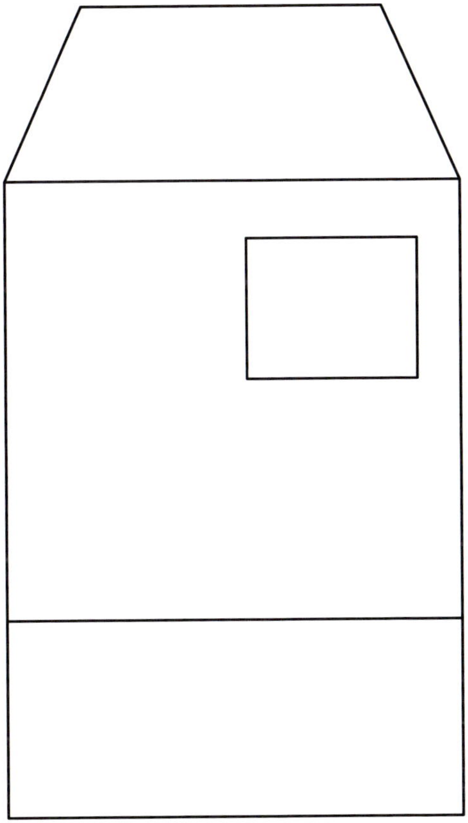

TOPFLAPPEN

Seite 45
Schablone: Tasse

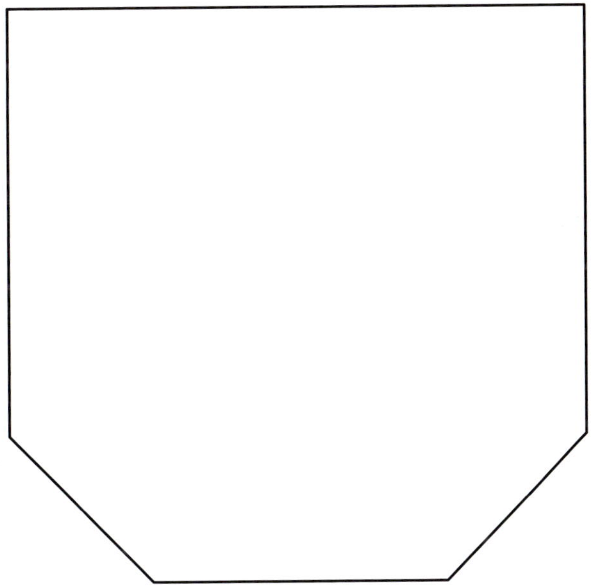

STROHHUT

Seite 67
Schablone: Blütenblätter

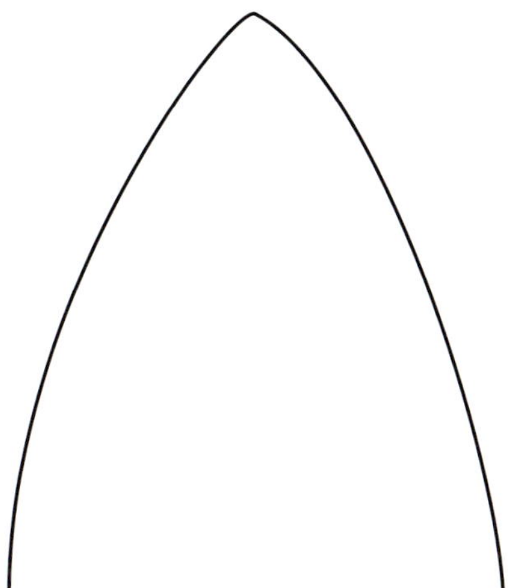

MOSKITONETZ
Seite 72

HÄNGEREGAL AUS STOFF
Seite 81
Schablone: Schmetterling

MOSKITONETZ
Seite 72
Schablone: Blüte

KISSEN „LOVE“

Seite 77
Aufbau des Patchworks

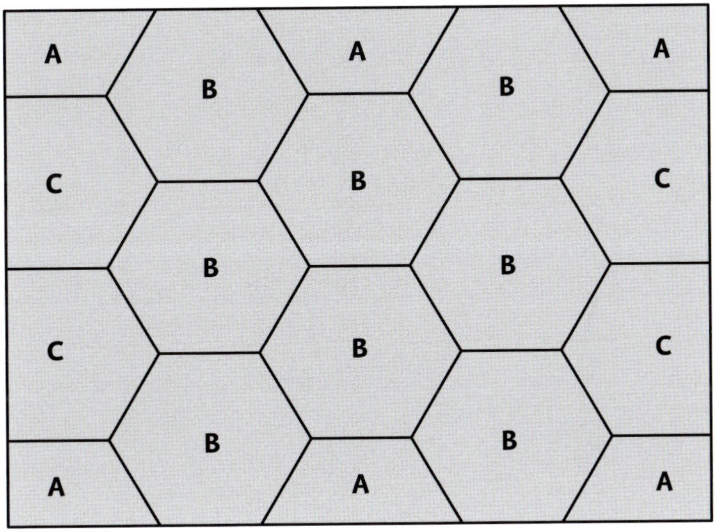

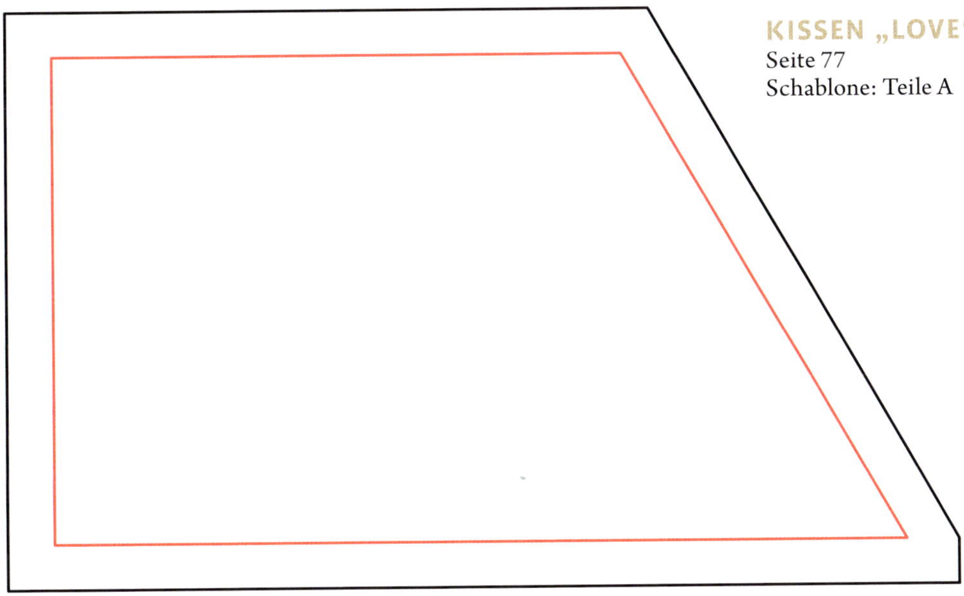

KISSEN „LOVE“

Seite 77
Schablone: Teile A

KISSEN „LOVE“

Seite 77

Schablone: Teile B

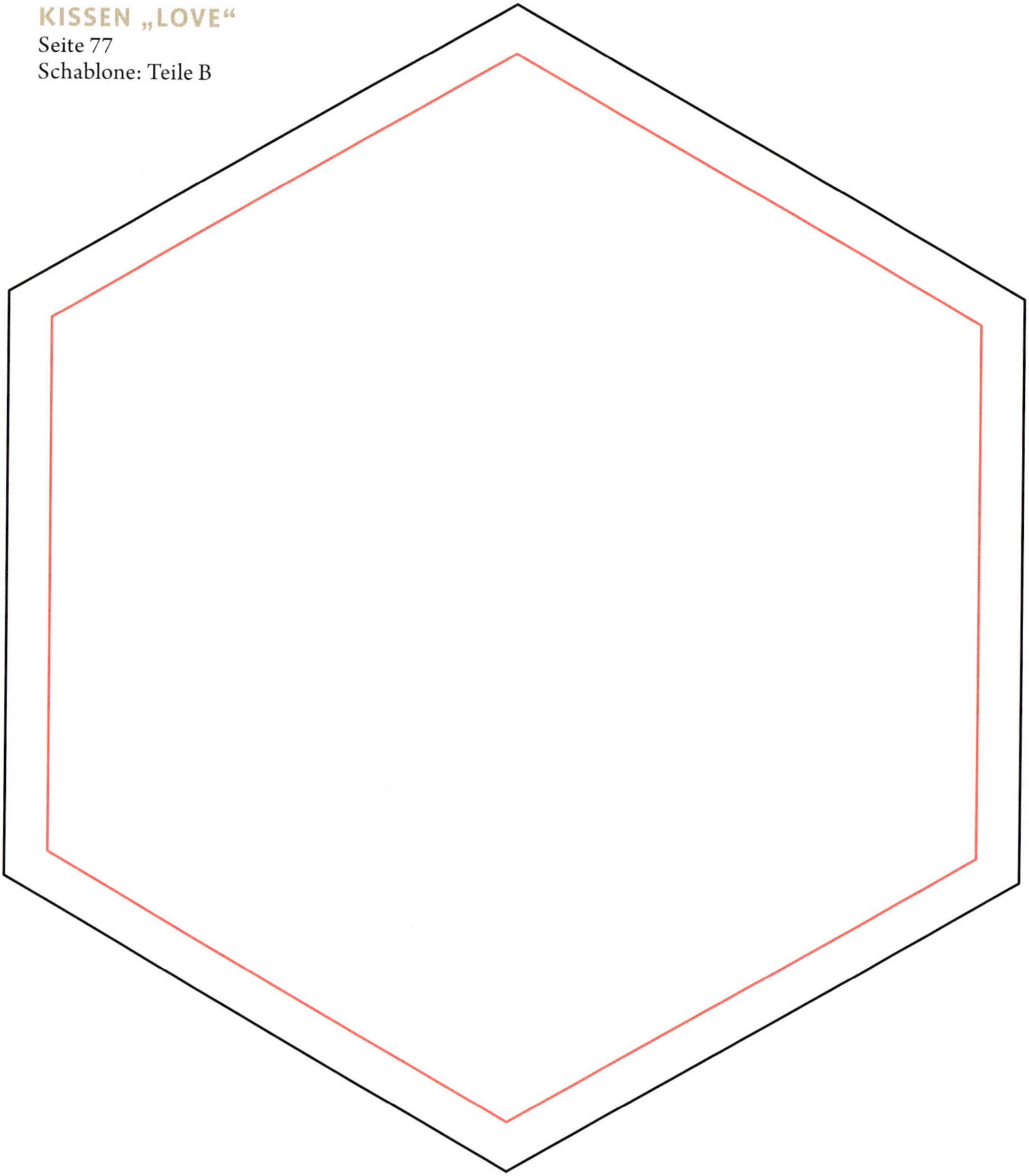

KISSEN „LOVE“

Seite 77

Schablone: Teile C

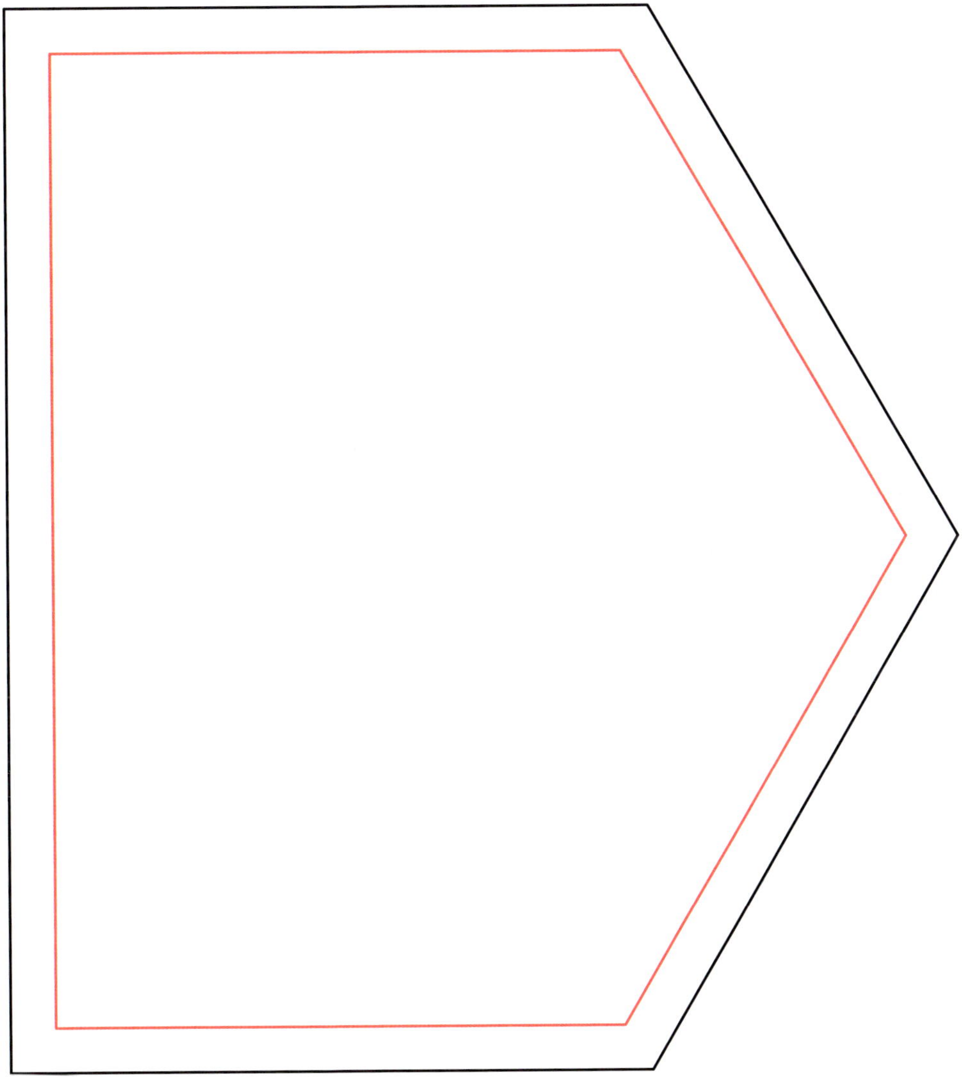

KISSEN „LOVE“

Seite 77
Schablone: Teile D

KISSEN „LOVE“

Seite 77
Buchstaben-Applikationen

Sticksticharten

STIELSTICH

Der Stielstich (oder schräge Steppstich) wird von links nach rechts gearbeitet. Dabei überholt jeder folgende Stich den vorausgegangenen um eine halbe Stichlänge. Den Faden nur leicht durchziehen. Auf diese Weise weiterarbeiten, wobei der Faden stets rechts der Stickreihe gehalten wird.

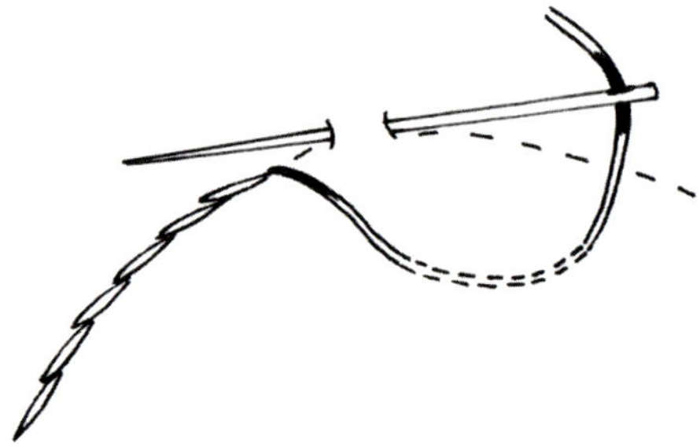

KETTSTICH

Die Nadel mit dem Faden an einem Punkt ausführen. Darüber eine Schlinge legen. Die Nadel immer dicht über der Stelle, an der die Nadel ausgeführt wurde, wieder einstechen und damit die Schlinge fixieren. Wichtig ist, dass die Nadelspitze durch den Stickfaden geführt wird, um die nächste Schlinge für den Kettstich zu bilden. Dann wird die erste Schlinge durch die zweite Schlinge fixiert und so weiter ... Man endet mit einem kleinen Stich über die letzte Schlinge.

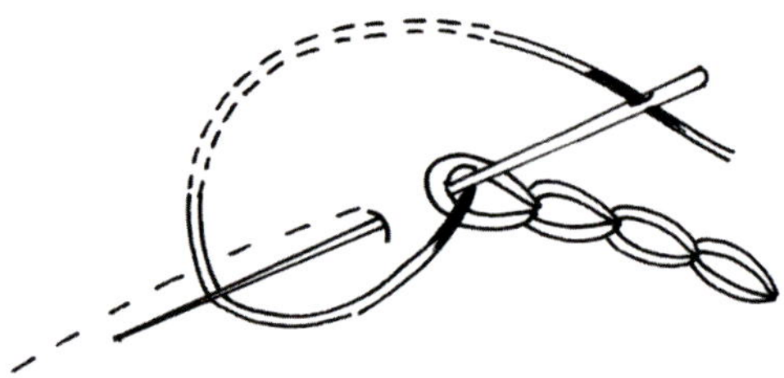

MARGERITENSTICH

Mit dieser Stichart kann man Blütenblätter plastisch darstellen. Hierbei handelt es sich praktisch um einen einzeln stehenden Kettstich, der durch einen Überfangstich am Ende fixiert wird. Mehrere Margeritenstiche richtig angeordnet ergeben eine Blüte.

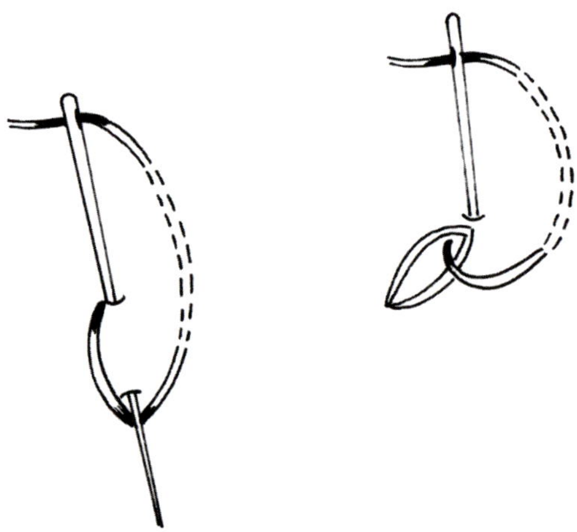

PLATTSTICH

Die Nadel auf einer Seite des zu füllenden Musters ausstechen und auf der gegenüberliegenden Seite wieder einstechen. Den Faden unter dem Stoff durchführen, unmittelbar neben dem ersten Ausstichpunkt wieder ausstechen und den Faden durchziehen. Die Ausstich- und Einstichpunkte sollten dabei parallel gegenüberliegen. Den Faden mit dem Daumen flach halten, um eine möglichst glatte Oberfläche zu erzeugen.

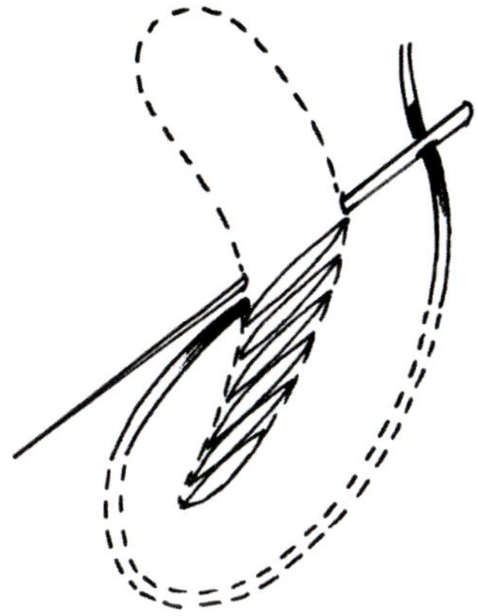

LANGETTENSTICH

Der Langetten- oder Festonstich wird von links nach rechts gestickt. Der Faden wird hierbei unter die Nadelspitze gelegt und bildet beim Festziehen eine Schlinge. An der Unterkante der Stickreihe ausstechen. An der Oberkante etwas nach rechts versetzt ein- und senkrecht darunter wieder ausstechen. Faden unter die Nadelspitze legen und Nadel durchziehen. Für die nächste Schlinge wieder schräg nach rechts oben einstechen. Höhe, Breite und Stichneigung können variieren.

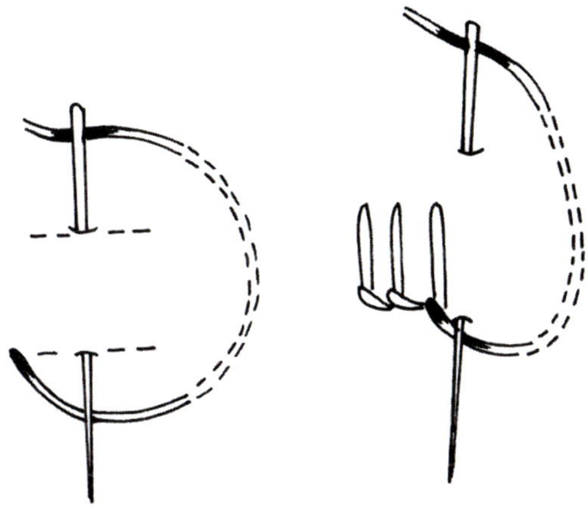

FISCHGRÄTSTICH

Der Fischgrätstich wird von oben nach unten oder von rechts nach links gearbeitet. Die Nadel an Punkt (1) ausführen. Etwas weiter unten und nach rechts versetzt wieder einstechen (2) und weiter unten aber auf der Linie von 1 (3) wieder über der Fadenschlinge ausstechen und festziehen.

Erneut weiter unten und nach links versetzt (4) einstechen, weiter unten auf der Linie von 3 und über der Fadenschlinge ausstechen und die Schlinge anziehen.

Diese beiden Stiche alternierend wiederholen.

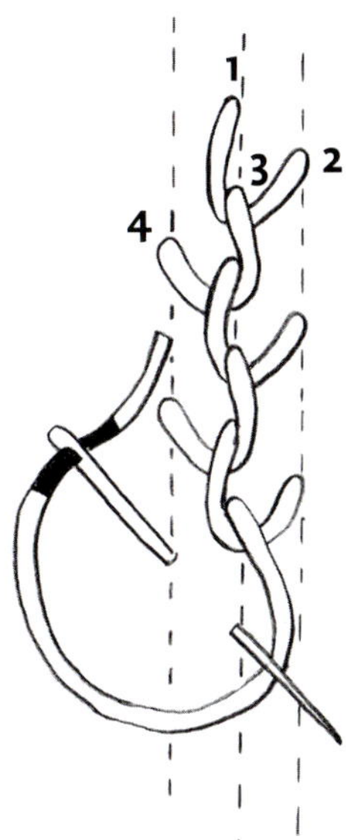

NACHWORT DER AUTORIN

Dies ist nun schon das dritte Buch! Und ich empfinde diese erneute Arbeit als großes Glück.

Für den vorliegenden Titel waren mir der Charme des Ländlichen, die Blüten in unserem Garten und die Lichtverhältnisse in unserem neuen Haus Inspiration und Antrieb. Hinzu kam mein Wunsch, viele einfache Techniken anhand von eher schlichten Handarbeiten vorzustellen, die zum ländlichen Ambiente passen. Und dabei bleibt stets noch Raum für eine individuelle Gestaltung: mit einer Applikation, einer kleinen einzuarbeitenden oder sorgfältig selbst angefertigten Stickerei, einigen Verzierungen mit handgefärbten Stickgarnen, um einem Patchwork den letzten Schliff zu geben, unauffällig eingearbeitete Quiltstiche ... Alles Dinge, die den Charme einer Handarbeit ausmachen.

Die Farbe Weiß spielt bei meinen Projekten ebenso eine Rolle wie das Spiel mit hellen Farben und die unverzichtbaren Blumenmotive. Ich weiß, dass viele von Ihnen mit mir den Geschmack für das Natürliche, das Frische und das Einfache teilen: Ihre Briefe und Mails, die mich auf meinem Blog erreichen, sind Beweis genug. Ich hoffe, dass auch dieses Buch Anklang findet und Lust macht, mir die Fotos der stets willkommenen Arbeiten meiner Leserinnen zu schicken.

Besuchen Sie mich im Atelier Violette und teilen Sie mit uns noch mehr Ideen, Kreationen und Adressen: www.cabanedeviolette.canalblog.com

DANKSAGUNG

Wieder einmal geht ein besonderes Dankeschön an meinen Verleger für das in mich gesetzte Vertrauen. Ganz herzlich danke ich Catarina, Chloé, Julie und Marie für ihre Arbeit und ihren Sinn für die schönen Dinge des Lebens. Farbrice und Sonia: Wie soll ich Euch diesen magischen Augenblick schildern, als ich die Fotos gesehen habe? Jener Moment als – abgesehen von meinem Urvertrauen in Euch – mir klar wurde, wie gut dieses Projekt geworden ist. Und wieder danke ich von Herzen meinem Mann und meinen beiden Töchtern, die wie immer bezaubernd und mit Zuspruch reagierten, als die Stofflawinen in unser Haus rollten. Dank auch an die übrige Familie. Ich bin von kreativen Menschen umgeben: Strickerinnen, Schneiderinnen und Heimwerkerinnen! Eine inspirative Umgebung, der ich so viel verdanke! Dank auch an all jene, die mir schrieben; ihre Kommentare sind mir unter die Haut gegangen. Und ich bin fasziniert vom Talent und der Großzügigkeit all jener Gleichgesinnten, die ich durch meinen Blog oder auf Messen kennengelernt habe. Besonders möchte ich erwähnen: Zaza (Zaza Picque), Magali (Broderie Coeur à prendre), Virginie (C mon monde), Pascale (Natur-elle), Corinne Crasbercu (Designerin und Autorin). Und schließlich geht mein Dank an meine wunderbare Mannschaft bei der Firma Abcd'air: Frauen mit einem Herz aus Gold und begnadeter Fingerfertigkeit!

Aus dem Französischen von Christine Frauendorf-Mössel

MIX
Papier aus verantwortungsvollen Quellen
FSC www.fsc.org
FSC® C028513

Für die Schwabenverlag AG ist Nachhaltigkeit ein wichtiger Maßstab ihres Handelns. Wir achten daher auf den Einsatz umweltschonender Ressourcen und Materialien. Dieses Buch wurde auf FSC®-zertifiziertem Papier gedruckt. FSC (Forest Stewardship Council®) ist eine nicht staatliche, gemeinnützige Organisation, die sich für eine ökologische und sozial verantwortliche Nutzung der Wälder unserer Erde einsetzt.

Umschlaggestaltung: Finken & Bumiller, Stuttgart
Druck: Süddeutsche Verlagsgesellschaft, Ulm
ISBN 978-3-7995-0384-6